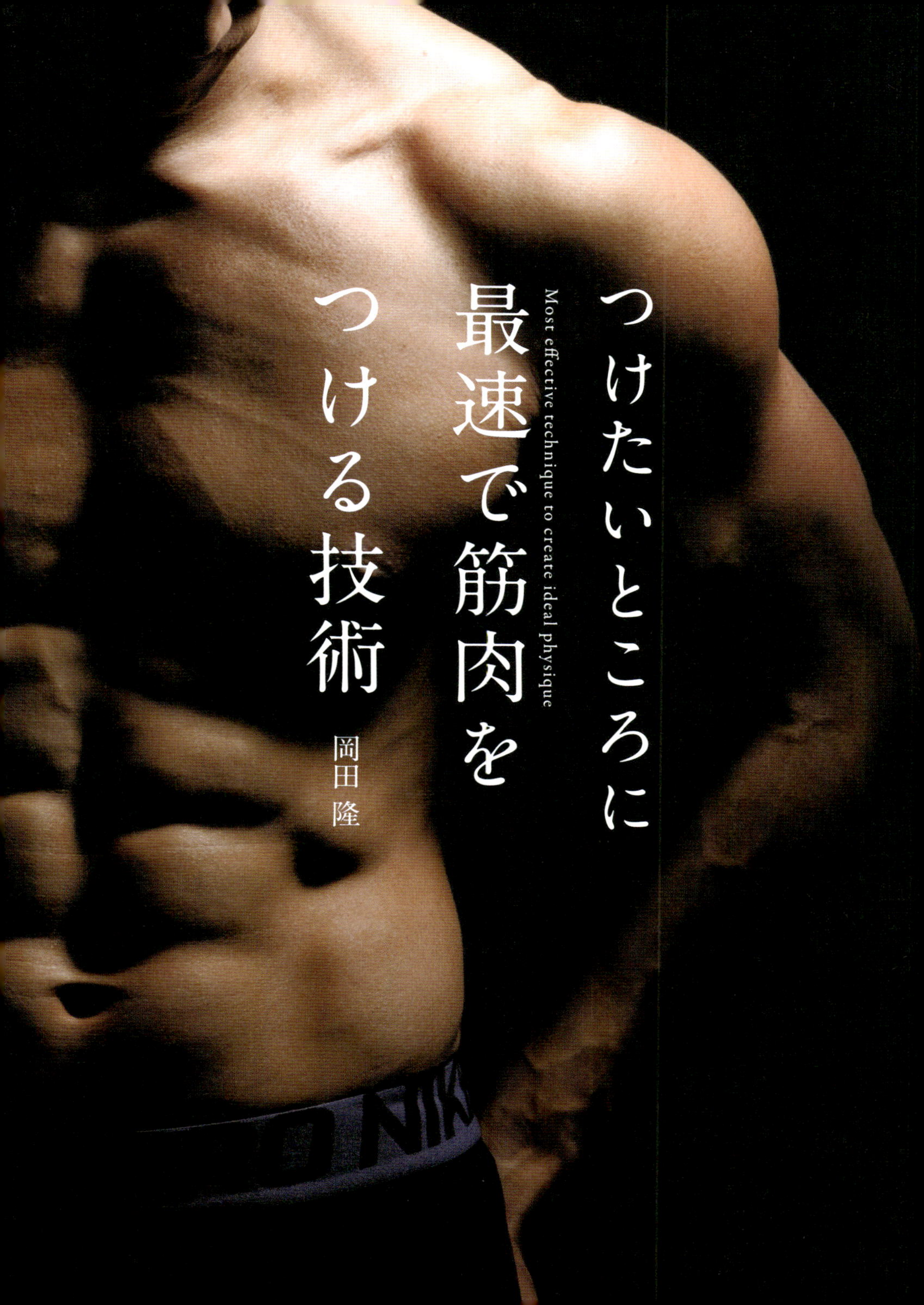

つけたいところに最速で筋肉をつける技術

Most effective technique to create ideal physique

岡田 隆

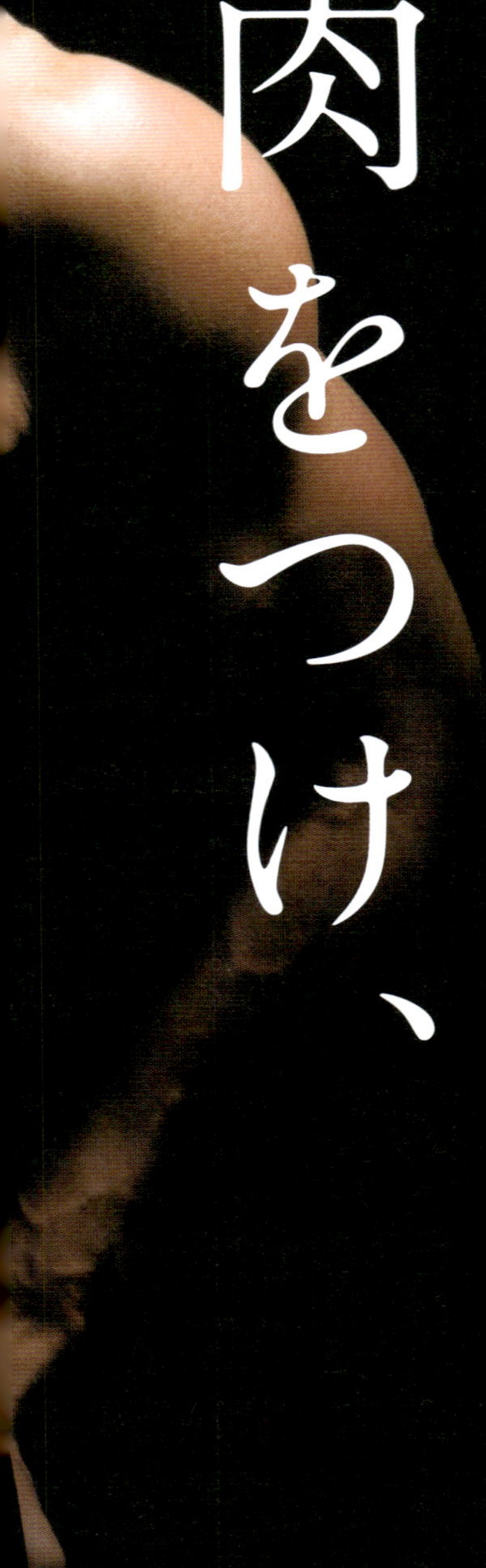

「盛り」の技術で
つけたいところに
筋肉をつけ、

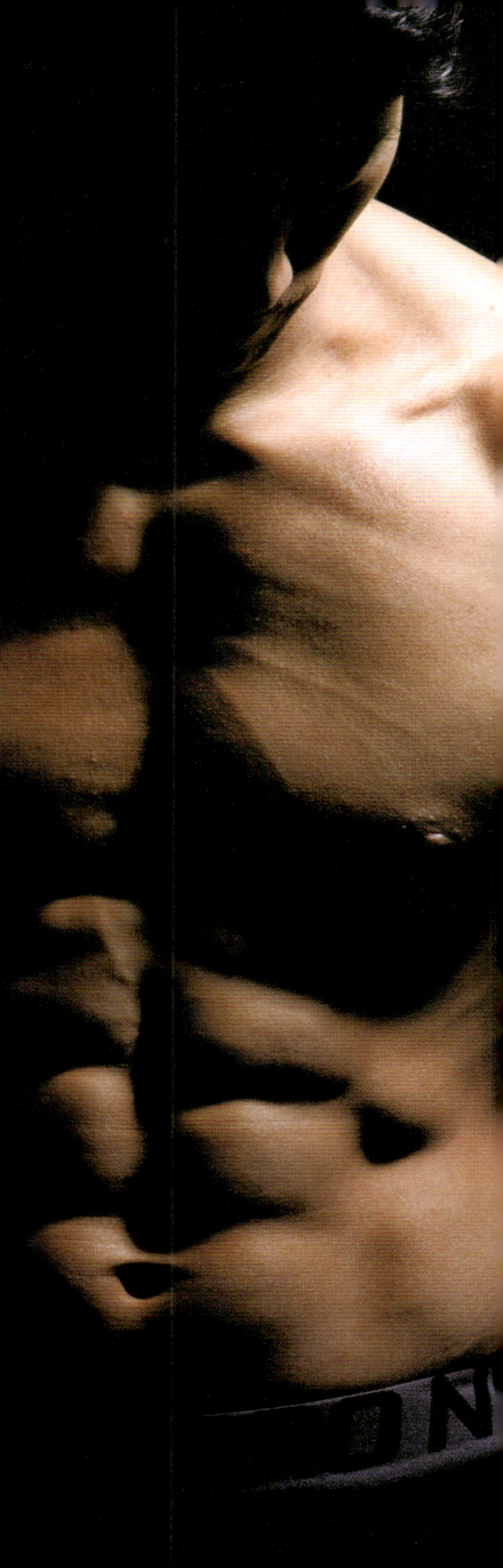

技術は人に、劇的な成長をもたらす。
効率よく脚を動かす技術は、走る速度を上げる。
集中するための技術が身につくと、学習効率は向上する。
表情や思考を読む技術を磨けば、人に強くなる。
こうした技術を駆使することで
私たちは願いを叶え、よりよい人生を歩もうとする。

では筋トレにおいては、どうだろうか？

「いつもの回数」で終えていないか？
力まかせに重りを振り回していないか？
狙った筋肉は強く収縮させられているか？
やるべきことに日々、忙殺され、
気力も体力も時間もかぎられたなか
つけたいところに筋肉をつけるには、
技術が不可欠なのだ。

「削り」の技術で筋肉を浮き出させよう

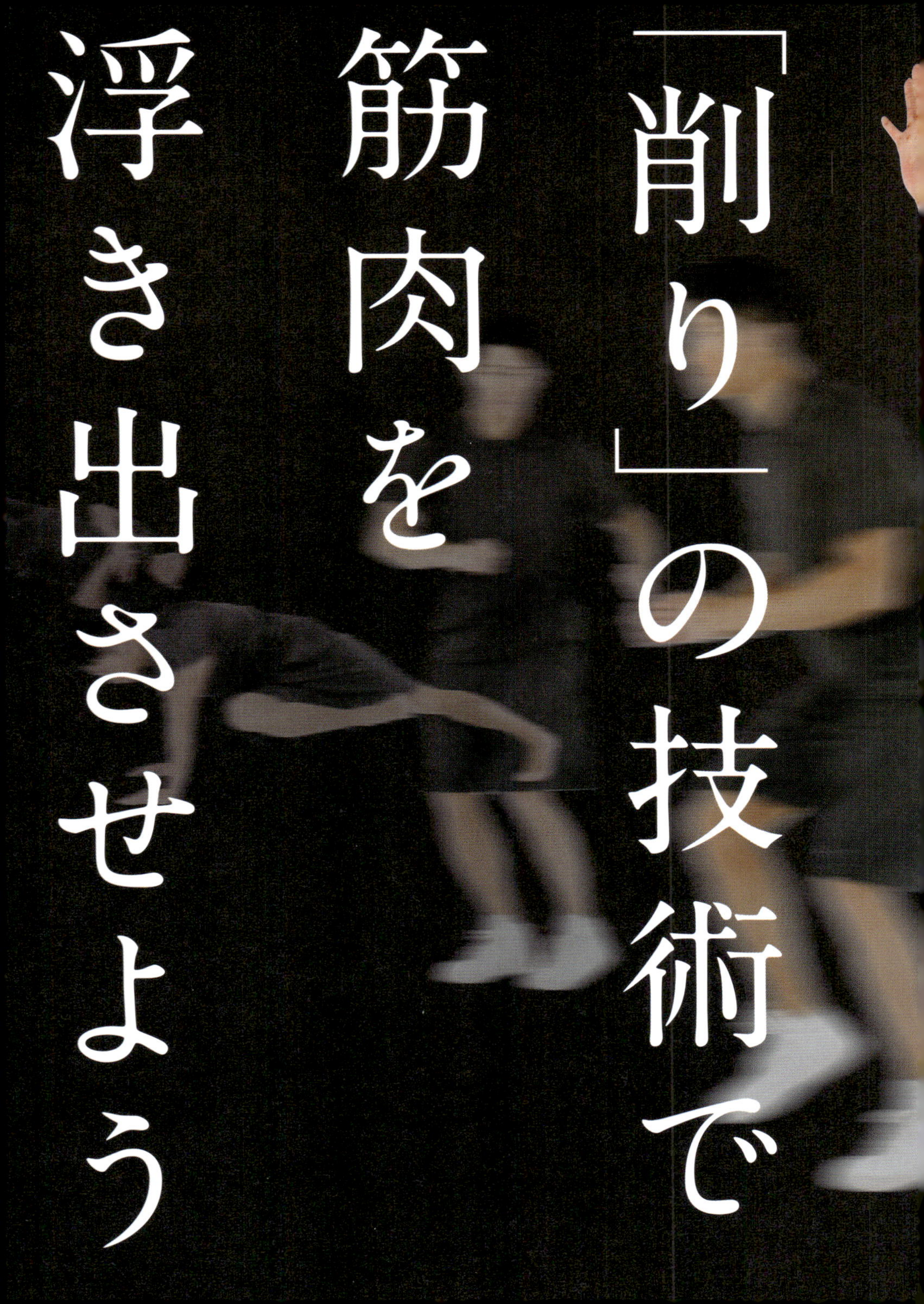

「最速筋肉」最大の敵は ケガと無駄トレ

毎日、数時間かけて自らの体を鍛錬するかたわら、
私は各地のジムにいらしている方々のトレーニングを
観察してきました。
そこで気づいたのが、
狙った筋肉を鍛えられない人、ケガをくり返す人、
高重量を扱えても体を変えられない人は

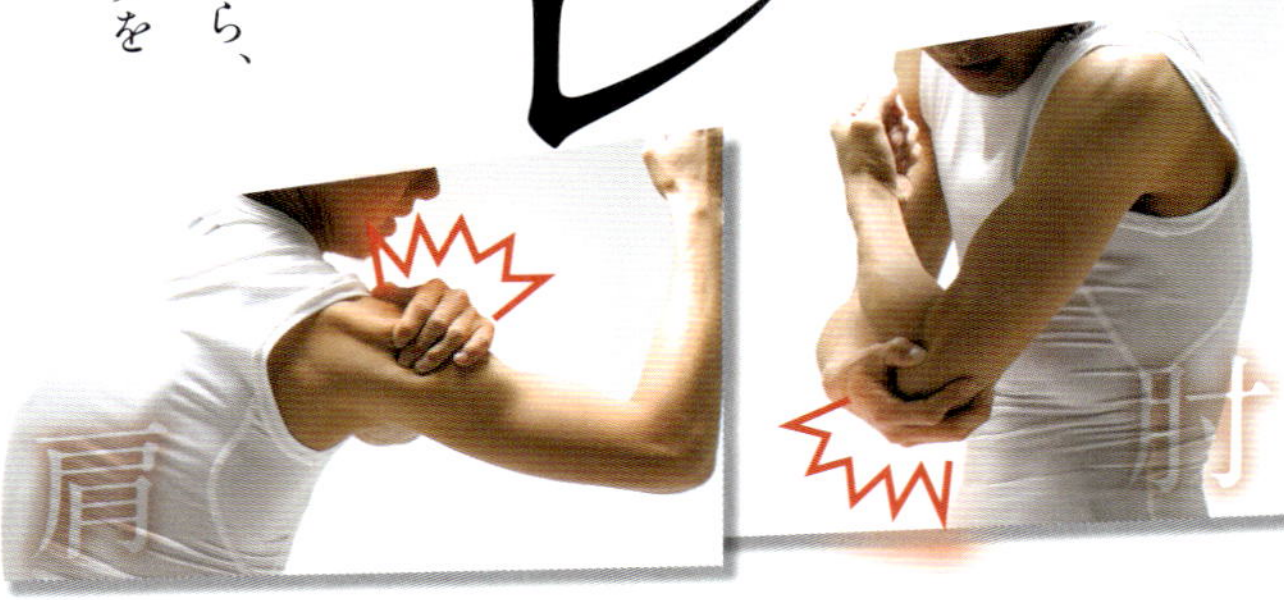

一生懸命トレーニングするだけではダメだ。
必要なのは、賢くトレーニングすることだ
——アーノルド・シュワルツェネッガー——

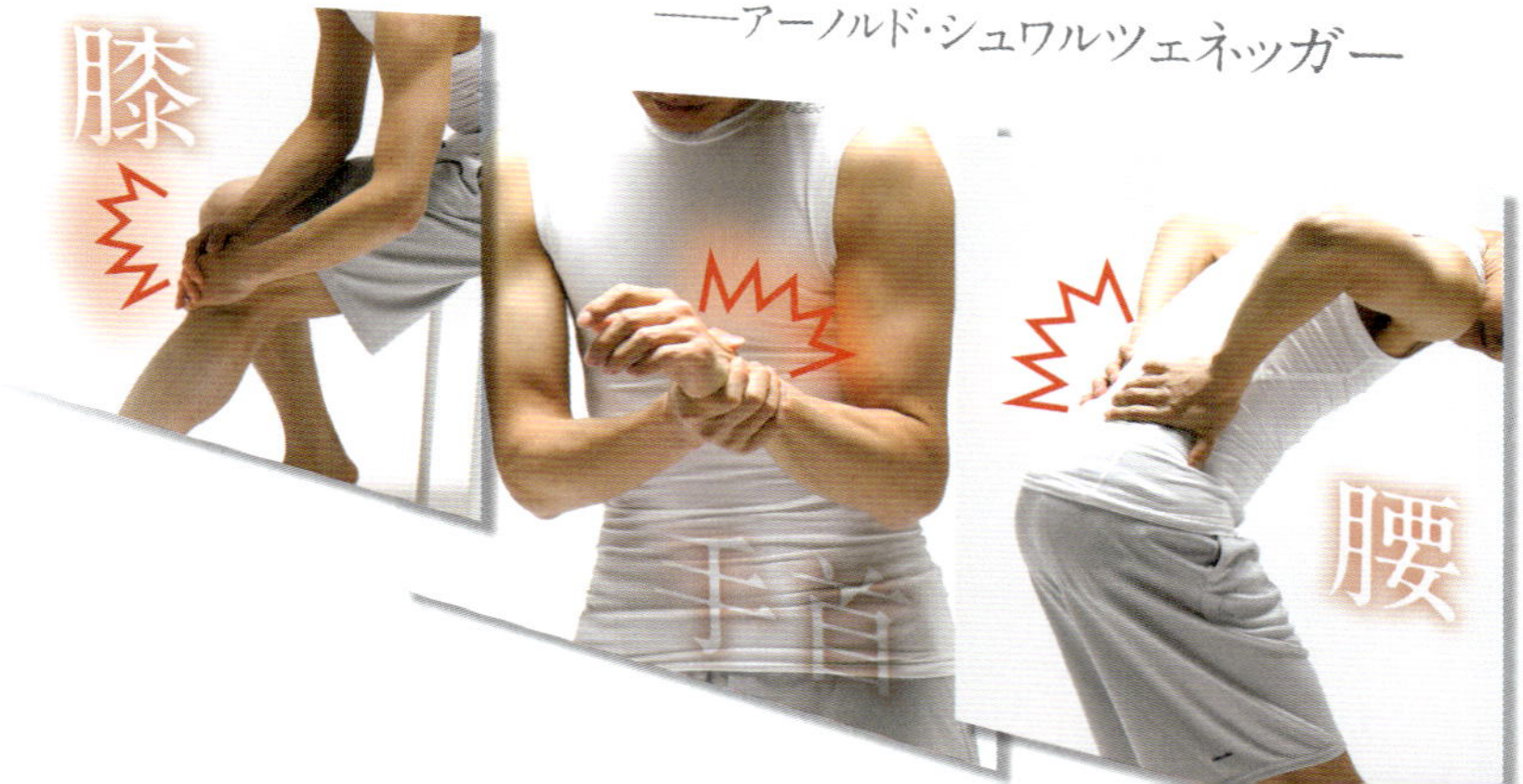

大勢いるということです。
重さの追求は、
たしかに達成感があります。
しかし高重量になるほど
重りを扱う技術や
相当の集中力が必要です。
それらが少しでも欠けると
フォームは崩れターゲットの筋肉に効かず、
関節を痛める原因になります。
高重量を扱わなくても
美しいボディをつくるアスリートは多いもの。
重量だけに固執していては、体は変わりません。
こだわるべきは「量」ではなく「質」。
そして「質」を高めるには
技術が必要なのです。
それを知っていただくために本書では
〝ウエイト〟を使わなくても筋肉を大きくできる
トレーニングを紹介していきます。

最速で体を変えるために必要なのは
凝縮

全身の筋肉をくまなく大きくするには、
莫大なエネルギーと相当の期間を要します。
しかし人間に与えられた時間、気力や体力は有限です。
誰もが毎日24時間を使いきって生きていますし、
仕事や家事などに使うぶんを除いたら
どれだけ残っているでしょうか。

そこで重要となるのが、凝縮です。
トレーニング時間を、鍛える部位を、

鍛えるべき筋肉を、凝縮する。

ラクなことをダラダラ長時間続けるのも
キツすぎることをして長く休むのも
エネルギーと時間の無駄でしかありません。
かぎられた時間で効率よく体を変えるには、
ターゲットを絞り刺激を凝縮することが不可欠なのです。

それを実現するのが筋肉を「盛る」技術、
そして脂肪を「削る」技術です。
本書に紹介する自重トレーニングには、
その技術をたっぷり組み込んであります。
重たいウエイトを使わないぶん
動作や筋肉に対する意識が高まり、
「感じる力」が身につくはずです。
じつは人間離れした筋肉量を誇るボディビルダーも
軽めの負荷で特定の筋肉に
「効かせる」技術を取り入れています。

最速で最高の体をつくる〝錬筋術〟師の叡智を、あなたに

本書のトレーニングは、自重で、短時間で体をつくる唯一の方法と私は考えます。
こう断言できるのは、解剖学、筋生理学、理学療法などを学び、
実践の場ではアスリートから高齢者まで指導してきた知見により完成したものだからです。

いまでこそ、私は「バズーカ岡田」の愛称で
テレビや雑誌など華やかなメディアにお声がけいただいていますが、
10年ほど前は、日中は母校の大学院で研究をしつつ
夜は専門学校で理学療法を学び、
翌早朝には大学の柔道部でトレーニングを指導する「学び漬け」の生活を送っていました。

その後、病院勤務で医療の現場を知り、
東京大学の大学院に入ってからは筋生理学の研究に力を注ぐように。
こうした経験を評価いただけたのか、日本体育大学に准教授として迎え入れられ
柔道日本代表のフィジカルコーチとしてオリンピックに帯同させていただくに至りました。
また私自身、トレーニング実践者としてボディビルのタイトル獲得経験もございます。
本書のトレーニングは、このような専門知識のもと考案したものです。

筋トレ初心者や初級者は正しいフォームが身につき、充分な可動域が手に入る。
中・上級者なら、取り組んでいるトレーニングから得られる成果を高められる。
つまり多くの一般の方が最速で体をつくるために役立つということです。
私自身、出張先で何も道具がなかったら、このトレーニングをします。
もし、試してみて「意外とラクだな」と感じたら、
まだまだ質の追求が甘いと思ってください。
そうして一つの筋肉に繊細に向き合うことは、
かならず自分の体についての新たな発見や自信につながります。
ぜひ真正面から取り組んで、理想の体を手にしましょう。

岡田隆

つけたいところに最速で筋肉をつける技術

contents

PART 2 最速で筋肉を「盛る」技術

胸 chest

つけたいところに最速で筋肉をつける技術

contents

contents

【ブックデザイン】

野口佳大

【撮影モデル】
コアラ小嵐
（超新塾）
望月あもん

【撮影】

金田邦男

【CG制作】
株式会社
BACKBONEWORKS

【編集・執筆協力】
長島恭子
（Lush!）

【校正】

株式会社ぷれす

【編集】
小元慎吾
（サンマーク出版）

QRコードでの動画視聴サービスについて

動画閲覧にかかる通信費につきましてはお客様ご負担となります。

スマートフォンデータ定額プランの加入など、お客様の通信費に関するご契約内容をご確認の上、ご利用されることを推奨いたします。

スマートフォンやタブレットの機種によっては、閲覧できない場合がありますのでご了承ください。

スマートフォン・タブレットにおける推奨環境
Safari Mobile (iOS)…9以上
Chrome Mobile (iOS)…9以上
Embedded Web Views (iOS)…9以上
Chrome Mobile (Android)…最新
IE Windows 8 Tablet…11

※このサービスは、予告なく終了する場合があります

PART 1

最速で体を変えるには技術が必要だった

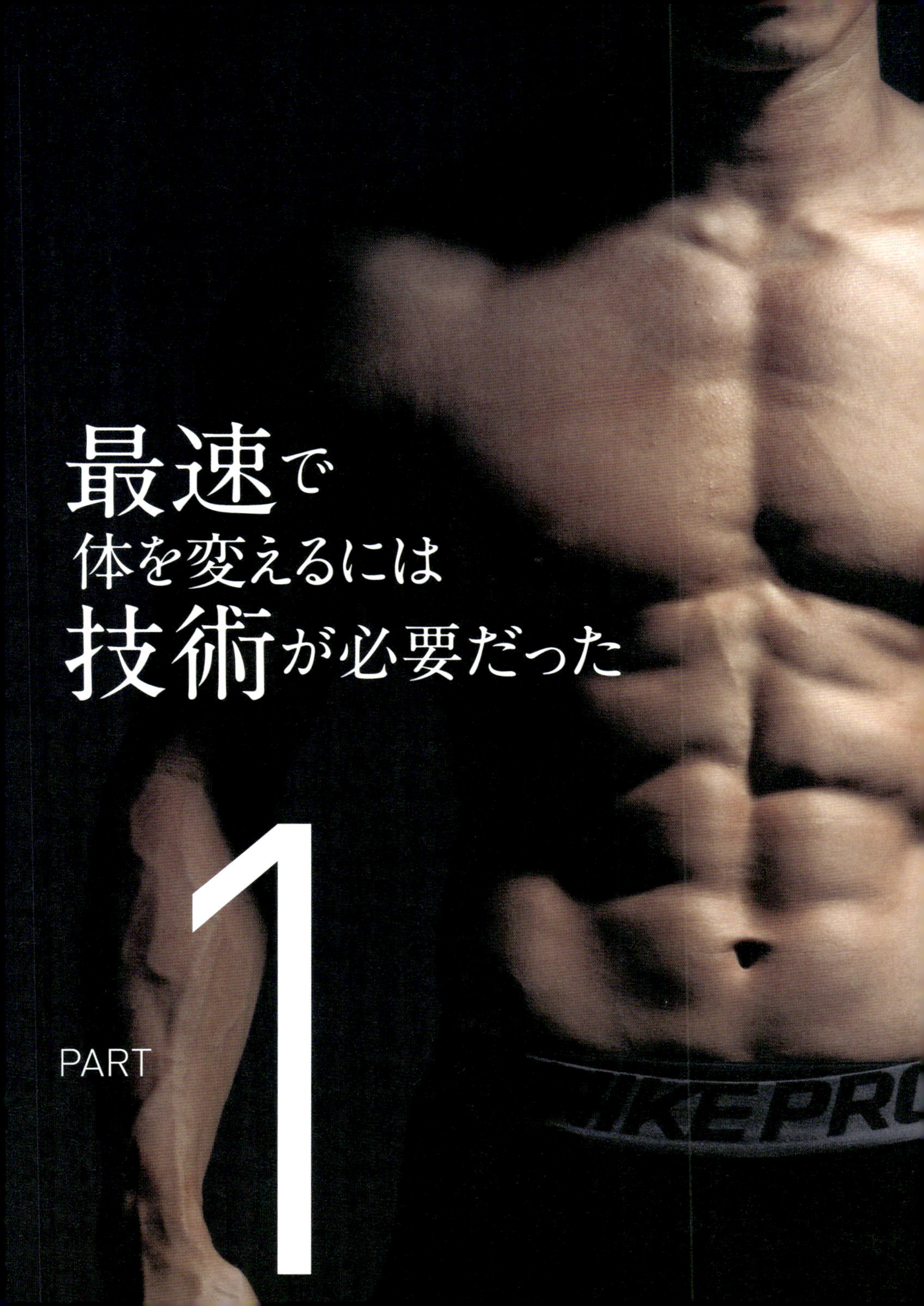

なぜ、つけたいところに筋肉がつかないのか？

威厳すら漂う、格闘家の力強い胸や肩。速さを具現化したスプリンターの脚。ギリシャ彫刻を彷彿とさせる、体操選手の均整のとれたフィジーク――。どれも爆発的な動きを気が遠くなるほどくり返して身につけた筋肉です。体のかたちは、その人がどう生きたかを具現化したもの。つまり動きの質と量そのものです。

では、彼らと同じ努力をしないと美しくソリッドな体になれないのかというと、そんなことはありません。時間や労力を極限まで凝縮して効率よく理想に近づく手段こそが、トレーニングだからです。

もし「胸の上部が薄い」「肩幅が狭い」「背中が貧相」など、筋トレをしてもつけたいところに筋肉がつかないとしたら、まず考えるべきは「動かせていない」こと。**三角筋前部や腕に頼った腕立て伏せでは胸に筋肉がつかない**ように、狙った筋肉をうまく「動かせていない」ケースは本当に多いからです。

次に考えるべきは、刺激と回復の過不足。この**成長に必要な両輪が足並みをそろえて初めて、筋肉は大きくなります**。刺激不足だと「筋肉は不要」と体に判断されて小さくなるし、刺激が強すぎたり回復が不足したりしても小さくなるのです。

体操競技は究極の自重トレーニングである

オリンピックなどで体操競技を見ていると、彼らは最強の自重トレーニングに取り組んでいるのではないかと思えてきます。可動域を広く保ち、遠心力に耐え、すばやく大きくていねいに動いてピタリと止まる。もちろん意識を集中し持てる力を使いきる。ウエイトトレーニングをしなくても胸や肩、背中の輪郭が美しくシェイプされ、均整のとれた美しい体ができていきます。これは自重でもいい体はつくれるという好例ではないでしょうか。

筋肉がつかない原因を解消すれば体は変わる

この2つをクリアしていたら、次に疑うべきは「筋肉の材料不足」でしょう。

全身に栄養を届ける、いわば物流を一手に担う血液に、**筋肉をつくるために必要な栄養素やホルモンがなければ、どれだけハードに運動しても筋肉はつきません。家を建てるのに、有能な職人が何人いても鉄筋や木材、釘や塗料がなければ永遠に完成しないのと同じです。**

体が変わらないときは、何かしら原因がある。それさえ解消すれば、かならず道は開けます。

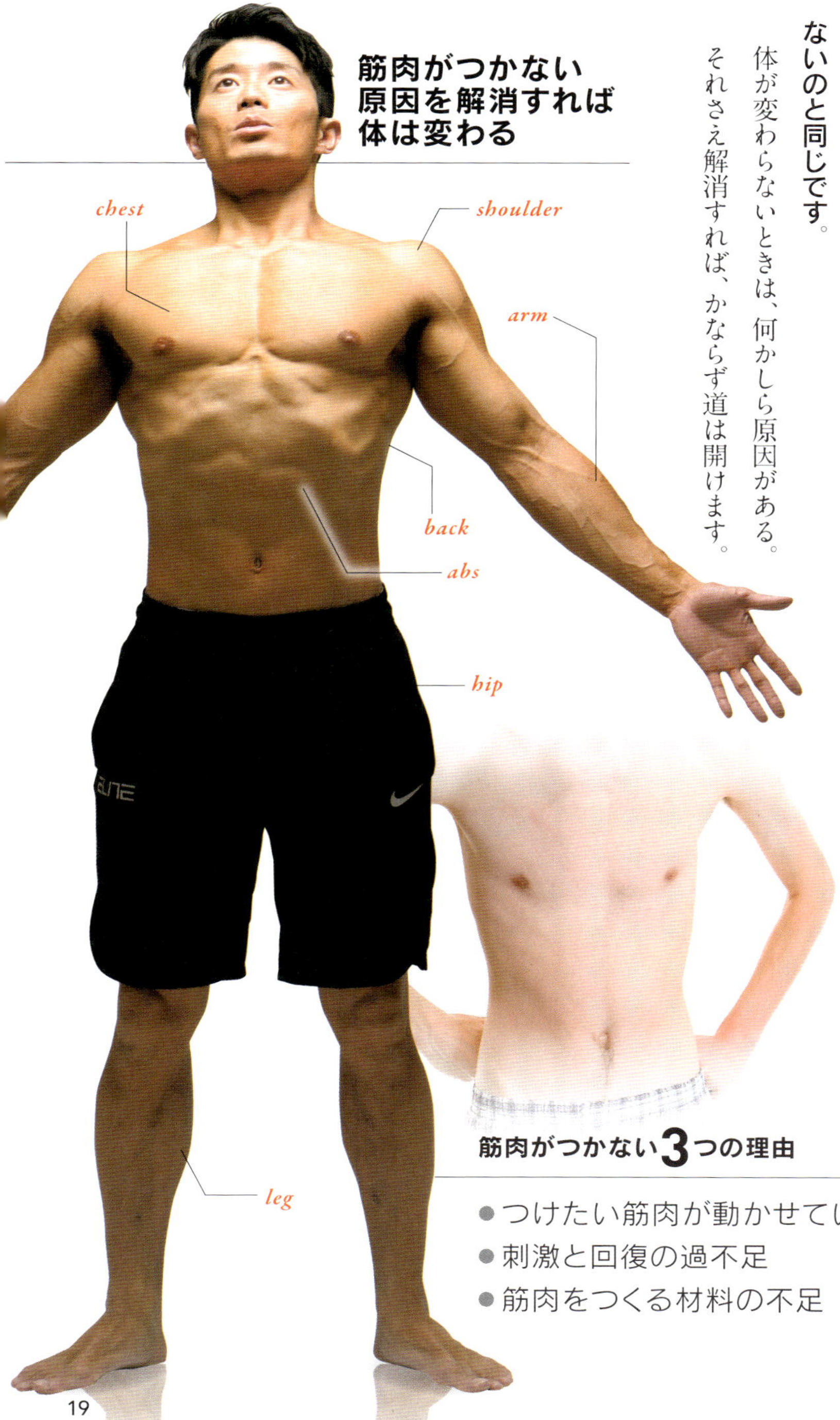

筋肉がつかない3つの理由

- つけたい筋肉が動かせていない
- 刺激と回復の過不足
- 筋肉をつくる材料の不足

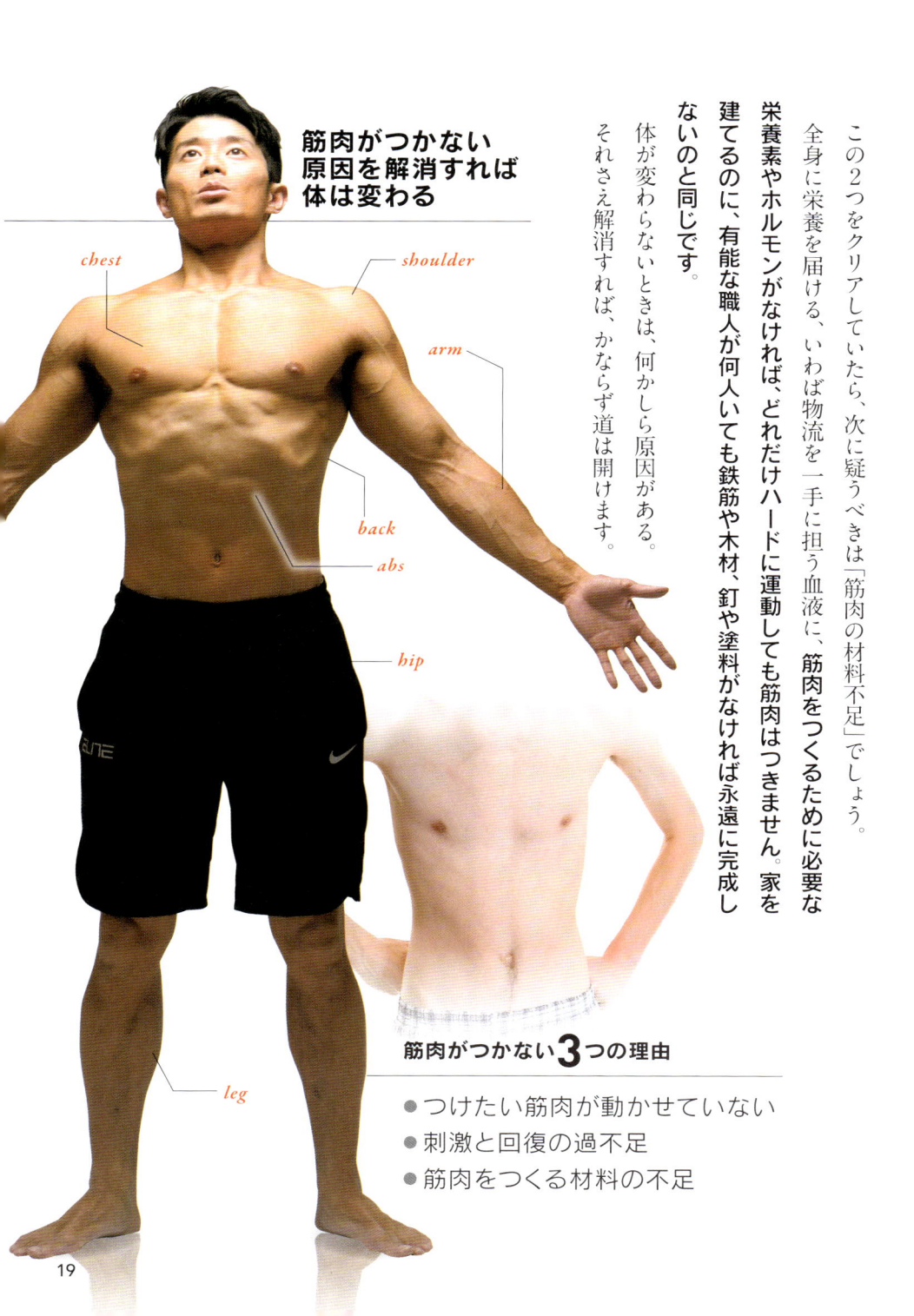

「スクイーズ」で眠った筋線維を目覚めさせる

私たちは無意識に「動かしやすい筋肉」を使って生活しています。これは人それぞれ、体の動かし方にクセがあるから。右利きの人が右腕ばかり使うような動作の偏りが、じつは全身で起きています。よく使う筋肉ほど強くなるし動作にも慣れるから当然、そこを使ったほうがラクに動けます。このくり返しで、動きのクセはさらに強化されてしまうのです。

たとえば「胸の上のほうが薄いのがイヤ」と胸のトレーニングをしたとしても、肩が強い人は肩の筋肉に頼って動作しがちだし、大胸筋の下部が強い人は、そこを使いがちに。つまり大胸筋上部は「動かない」ままです。

これを防ぐために、本書では各部位のプログラムの最初に「スクイーズ」種目を配置

ボディメイクの叡智はスポーツにも役立つ

ボディビルやフィジークなど「見た目で優劣を決める競技のトレーニング知識はスポーツでは使えない」と思われがちです。たしかに柔道とサッカーでは行うトレーニングが異なるように、違う競技の知識が役立たないこともあります。ですがボディビルでは、すべての筋肉を肥大させるために、動きの速い遅い、ウエイトの重い軽いなど、あらゆる刺激を全身の筋肉で試します。その膨大な知識は、球技や格闘技をする人の弱点克服にも役立つはず。ダルビッシュ有選手がボディビルの知識を取り入れて肉体改造したように、使い方次第なのです。

しました。**スクイーズには、胸・肩・腕・腹・背中など筋肉をつけたい部位をしっかり刺激し、使えていない筋線維まで動かすはたらきがあります。**

そのしくみは以下のとおりです。

スクイーズ動作中は筋肉に力が入り続けるため、使っている部位を意識しやすくなります。そのなかでもよく使う強い部分が先に疲れ、さらに力を入れ続けると普段は使っていない部分や眠っていた筋線維まで稼働し始める。その結果「きちんと動かせていない」筋肉まで自然と使われるようになるのです。これは筋肉の動かし方を学ぶ最高の方法の一つと言えるでしょう。

本書では、狙った筋肉に力を込める感覚がつかみやすい種目を厳選しました。慣れないうちは難しいかもしれませんが、くり返すうちに、つけたい部位の筋肉を集中的に動かせるようになります。眠っていた筋肉が動き出して盛り上がりまで体感できれば、動きの質も格段に上がるはずです。

関節可動域を多方向に最大化する

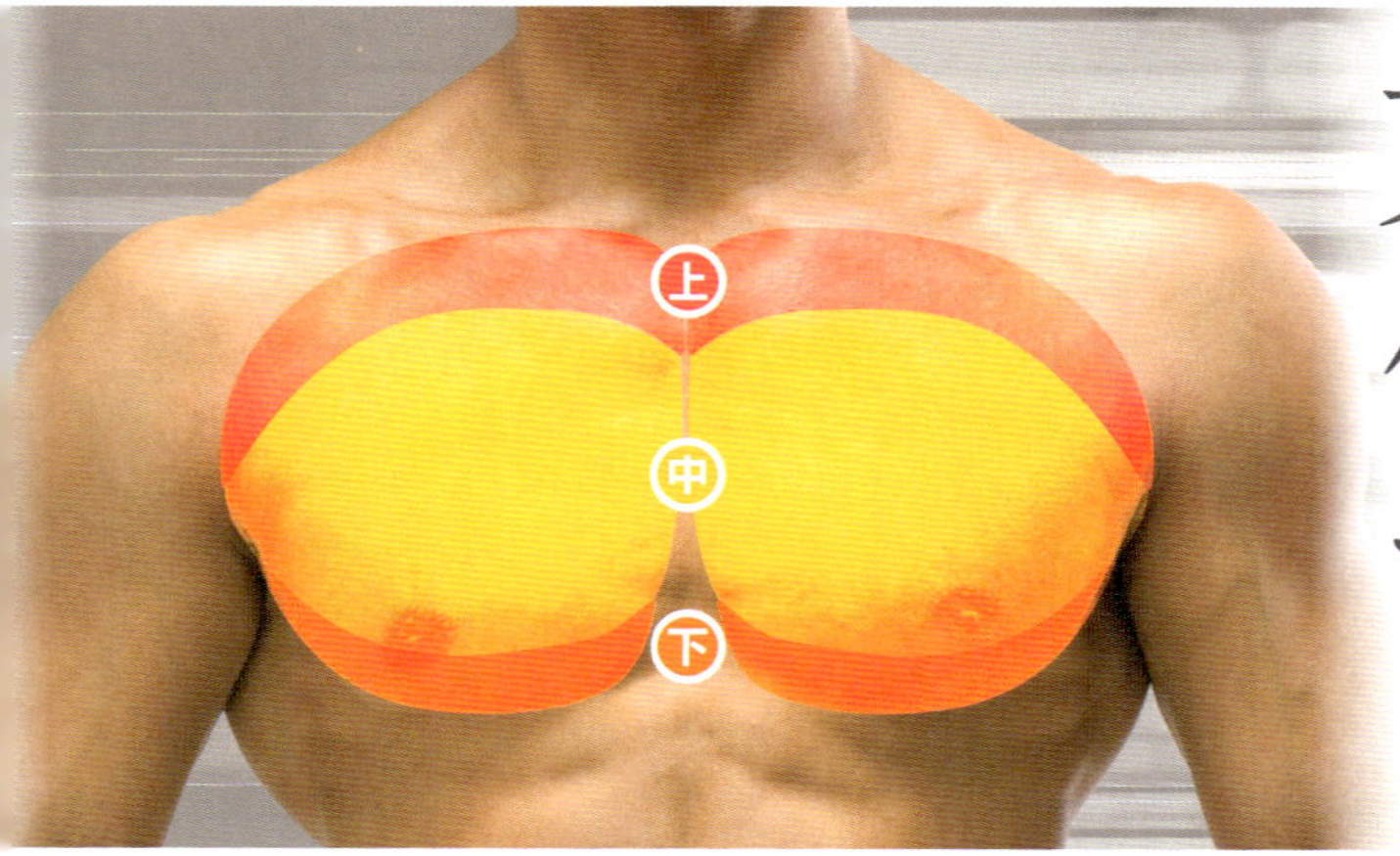

種目ごとに使われるエリアが違う

上 インクライン・プッシュアップ
中 プッシュアップ
下 ディップス

「関節可動域を多方向に最大化する」。

これも押さえておくべき知識です。

その理由は2つあります。

1つは、可動域が狭いと刺激の範囲だけでなく量まで激減するから。たとえば、ひじが軽く曲がるだけの腕立て伏せを100回やるのと、胸が床に触れるか触れないかまでゆっくり下ろし、ひじが伸びきらない程度まで上げる動作を20回くり返すのとでは、筋肉を大きくする効率は後者が圧勝です。前者は、1回あたりに筋肉がはたらく時間も範囲もわずかで刺激が少ないため、回数が必要。しかも体を下ろしたポジションで使うはずの筋肉は休んだままなので、できあがる胸の形状はいびつになります。これは、ごく控えめに言っても非効率です。

この例ほどでなくても、**つねに限界可動域の20%手前ま**

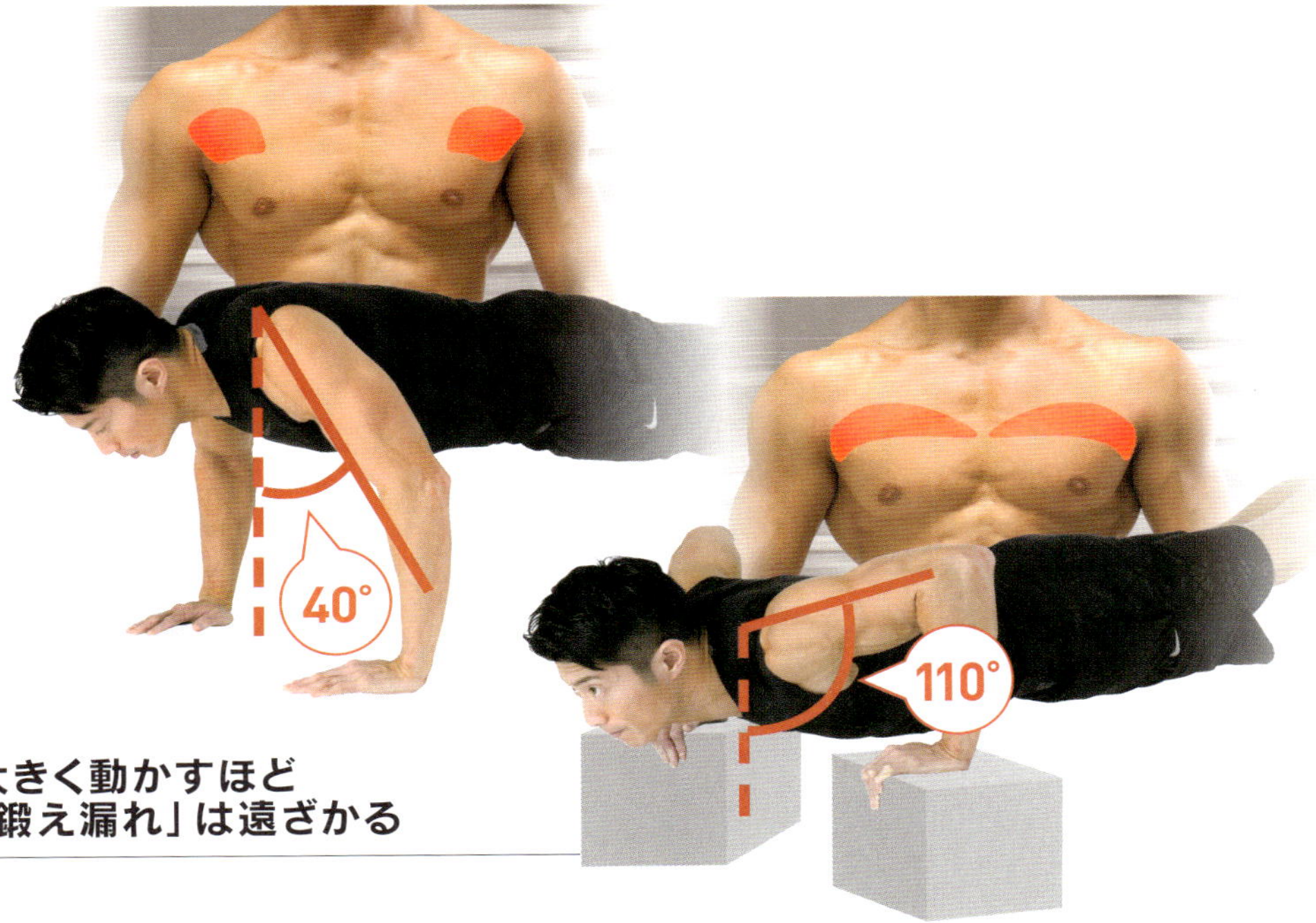

大きく動かすほど「鍛え漏れ」は遠ざかる

でしか動いていなかったら、筋肉の成長は常時2割引きになりかねません。買い物ならうれしいですが、成長が割り引かれたらやる気も失せます。

もう1つは、やや専門的な筋肉の形状の変化についてです。筋肉は、最大収縮したときに盛り上がりのピークができます。これは腕の力こぶなどでおなじみですが、私の経験上、**最大収縮をするとしないのとでは筋肉のサイズアップと形状の変化に明確な差が生じる**のです。おそらく、最大収縮させないと強く刺激できない筋線維を鍛えること、筋肉の盛り上がりの上限をくり返すことが、形状を変化しやすくしたと考えられます。

最大収縮させ慣れていない人は、最初は難しいかもしれません。なぜなら可動域の不足した部位は、関節や筋肉の柔軟性や伸びが不足し、最大収縮に届かない、あるいはその可動域での筋力が低く力が出ないからです。

でもご安心ください。続けるうちに、最大収縮に必要な柔軟性や筋力は絶対につきます。1回1回の動作を無駄にせず、可動域を攻めていきましょう。

マインドマッスルコネクションで刺激を凝縮

最速で筋肉をつけるなら、ここまでご紹介した「スクイーズ」「関節可動域の最大化」の成果を高めるコツも知っておくべきです。

まず押さえたいのが、意識と筋肉を連動させるマインドマッスルコネクション（以下ＭＭＣ）の強化。ごく簡単に申し上げると「自分の体を思いどおりに動かす力」です。「動かしたい」という意思が狙った筋肉に届くかどうか。

「ケガ人や高齢者じゃあるまいし、そんなのはできて当然」と思うかもしれませんが、ほとんどの人は使い慣れた筋肉以外のＭＭＣが断絶しています。

たとえば、いくらスクワットを続けてもヒップアップしない人は、本人は正しく動いたつもりでも神経系は狙った筋肉に指令を出せていません。お尻の上部にある大殿

体を知るとモチベーションが高まる

MMCを体得すると狙った筋肉から負荷が抜けない状態をつくれ、動きの質が上がってトレーニング時間を凝縮できます。運動能力の向上も期待できるため、すべての人に役立つ知識の一つです。私自身も「ここはこう動くのか！」という発見を日々くり返して、成長につなげています。そこで得た新しい気づきや喜びが、次なる目標を達成するモチベーションとなるのです。

筋や中殿筋ではなく、太もも裏側のハムストリングスや背中の脊柱起立筋で頑張っていることが考えられます。

では、どうすればMMCを強化できるのでしょうか。

最初は難しく考えず、まずはターゲットの筋肉に意識を集めギューッと力を込める。

それをくり返すなかで、力の入る感覚やターゲット部位の疲労を感じ取りましょう。鏡などで筋肉の動きを見ながらトレーニングするのもいい。本書のスクイーズ種目は、力が入りやすいよう工夫されたものばかりです。可動域の限界近くでギュッギュッとくり返し力を入れる、あるいは微妙に角度を変えて動くなどすると、狙った筋肉の動きを感じやすくなります。

断絶していた神経伝達回路は何度も刺激することで復旧するため、まずは意識して動かし続けることが必要です。意識するだけでも確実に筋肉の感度は上がり、トレーニングの効率や成果は高まります。動作や体の使い方を身につけるために野球やテニスで素振りをするのと同じで、上り詰めるためには「誰もが通る道」と考えてください。

集中して続けるほどに
ピンポイントで
鍛えられるようになる

重さや回数より疲労度やフォームにこだわる

知識はある。トレーニングもした。でも体は理想とはほど遠い——。こう嘆く人の多くは、**ウエイトや回数といった「数字」に執着しがち**です。上がらなかったウエイトが上がれば成長を実感できて気分がいい。「ベンチプレス１２０kg」などと自慢できれば、なおさらです。その満足感のためだけにトレーニングをするならいいですが、そうでないなら考え方を改めるべきでしょう。

まず高重量になるほど、動作が不安定かつ小さくなりがちです。これが「きちんと動かせていない」、つまり鍛え漏れの筋肉を生み出しやすくします。しかも腱や筋肉に過度な負担がかかるため、肩や腰、手首を痛めがちに。

これは初心者にかぎった話ではありません。

関節のケガは一生ものになりかねない

「関節は消耗品」という言葉もあるように、筋肉などに比べ関節や腱の血流は圧倒的に少なく、痛めたら修復は困難を極めます。東京大学大学院在籍時に腰痛の研究をしていたこともあり、関節や腱を痛めることのリスクは熟知していますが、高重量を扱うと痛みや違和感と無縁というわけにはいきませんでした。競技者なら慎重を期して限界に挑戦する選択もあるかもしれませんが、そうでなければ一生ものの障害を抱えるリスクは避けるべきです。

高重量を扱うためだけに、不自然に可動域を狭めたりターゲット以外の筋肉を使ったりする人は、どのジムでも本当によく見かけます。ここを変えないかぎり「つけたいところに最速で筋肉をつける」のは至難の業でしょう。

ほかによく見かけるのが「○○を8回」など回数にこだわり、筋肥大に必要な刺激になっていないケースです。これは完全な無駄。

人もそうですが、筋肉も限界近くまで追い込まれると大きく成長します。「どう頑張っても次はできない」という限界まで追い込んで初めて、最速の成長という至高の果実を手にできる。**「回数は負荷の目安を知るためのもの」と割りきり、キツくなってから何回できたか数えたほうが心も体も成長**します。

本書に紹介するのは、手軽に自宅で取り組め、ケガのリスクを最小限に抑えた自重トレーニングです。競技者であり指導者でもある私が「トレーニング環境が整っていなかったら自分もやるし選手にも勧める」と自信を持って言える種目ばかり紹介していきます。

「重さ自慢」や「回数自慢」は効率が悪い

脂肪を削れば筋肉の魅力は倍増する

つけたいところに筋肉がついても、筋肉と筋肉のあいだが脂肪で埋まっていたら、見た目の魅力は半減します。

これは逆に言うと、筋肉と筋肉のあいだに溝がザクザク刻まれれば印象は劇的によくなるということ。**皮下脂肪を落として肩や腕まわりに深い切れ込みが入れば、1年間みっちりトレーニングしてつけた筋肉の印象すら軽く凌駕する**でしょう。

たとえば背中の大きな筋肉は、鍛え上げると厚みも幅も増して巨大な甲羅のようになりますが、自宅でウエイトなしに実現するのは難しい。脚や尻の大きな筋肉も同様に、体重だけが負荷だと追い込むのに時間を要します。

ですが背中も脚も、筋肉と筋肉の境界に溝が刻まれるだけで鍛え上げられた印象に。たとえば女性の目を引く前腕も、評価されるのは太さより浮き出た血管や刻まれる溝の数、深さです。もちろん完璧に鍛え上げた弱点のない体をめざすなら、すべての筋

脂肪除去の成否は勝敗を分かつ

体脂肪の除去は美を競うボディビルやフィジークでも重要で、筋肉を極限まで大きくしても、体脂肪が残っていたら評価は下がります。多少筋肉は小さくても、体脂肪をしっかり除去した選手のほうが迫力があり、勝利します。「俺はデカい」と思っていても大半は体脂肪で厚く覆われているにすぎず、ボテッとしてカッコ悪い。絞り上げて、しっかりと筋肉のシェイプを披露できたほうが、はるかに美しくなるし評価も高まります。

肉を大きくすべきでしょう。ただ、そこにたどり着くには、莫大な時間と労力に加え専門的なトレーニング器具まで必要です。

1か月で筋肉を3kg増やすのはほぼ不可能ですが、体脂肪を3kg落とすなら難易度はケタ違いに低い。脂肪細胞の中の中性脂肪を毎日100gずつ落とすべく、摂取エネルギーと消費エネルギーの収支をマイナス950kcalにするだけです。この程度なら、本書のトレーニングをしつつ食事に少し気を遣えば難なく達成できます。まず**脂肪を削って筋肉を浮き上がらせたほうが、成果が目に見えるぶん継続するためのモチベーションも上がるでしょう。**

体脂肪1kgはだいたい牛乳パック1本分の容積なので、1kg落とすごとに牛乳に浸っていた筋肉が浮き出てくるようなもの。肥満でなくても、筋肉の境界に深い谷間が刻まれていない体はカッコ悪く見えます。埋もれた筋肉の形状を確認することは、理想の体づくりにも大いに役立つのです。

見た目の変化はモチベーションに直結する

COLUMN

MMCが体の形状を変える決定的証拠

筋肉を動かす神経の感度は、何度も刺激し続けることで初めて上がります。それによって身につくマインドマッスルコネクション（MMC、P24参照）は、効率的な肉体改造に欠かせない技術の一つです。行うのは意識することだけなので、日常生活のふとした瞬間にもできます。にもかかわらず、つけたいところの筋肉から負荷が抜けないようにできる、すごい技術なのです。

私がMMCの重要性を再認識したのは、バレリーナの話を聞いたときです。トップクラスのバレリーナは首が長く、なで肩の人が多い印象があります。それは遺伝的にバレリーナに有利な体型になる人が勝ち残ったからだとばかり思っていましたが、じつは「筋肉のコントロールで首を長くする」と聞いたのです。

たとえばバレエでは、内ももやお尻の深部を使って動作する技術を学びます。これが身につくと表層部の大腿四頭筋は使わなくなるため小さくなり、逆に内転筋深層部に隠れた外旋六筋はよく使われるようになるため大きくなる。つまり脚を美しく見せるために、見た目に不要な筋肉を徹底的に削る技術でもあるのです。彼らが似たような体型になるのは、幼少期から何年も日々、全身の筋肉をコントロールし続けた結果。まさに究極のMMCだと思いました。

これは、つねに「体のシルエットをどうしたいか」を意識して動けば、そこに到達できるという証しです。体つきは動作のクセを体現したものであり、持って生まれた才だけでは決まらない。大人になってからでも矯正したり磨き上げたりと、誰もが変われる可能性があるのです。

PART 2

最速で筋肉を「盛る」技術

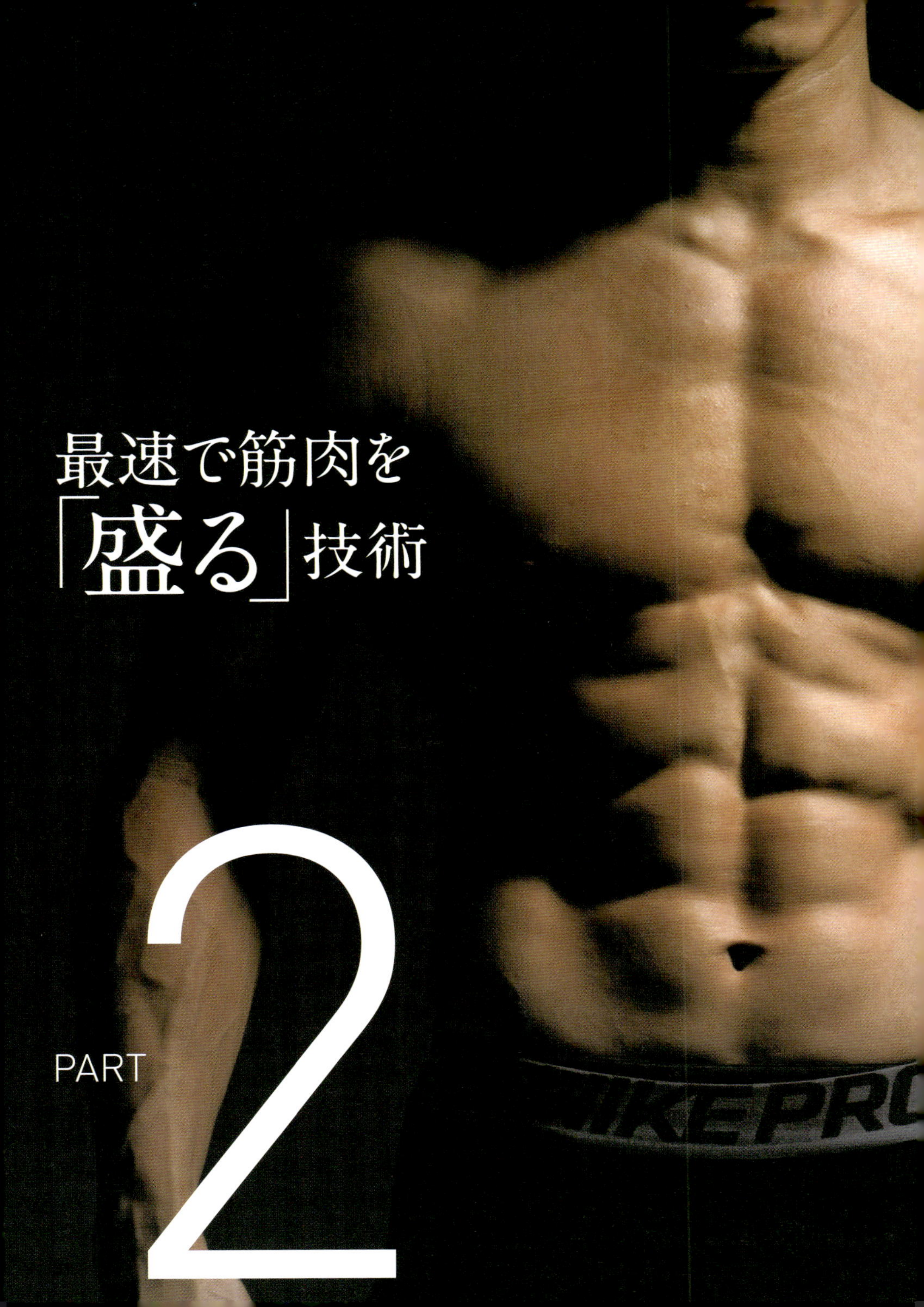

技術なきトレーニングでは結果が出ない？

「高重量なしに筋肉は大きくならない」と言う方は多いですが、その思い込みは捨てましょう。過酷な状態に追い込みさえすれば、どんなやり方でも肥大のシグナルは筋肉に届きます。軽めのウエイトで筋肉のサイズだけでなく持久力まで高めるアスリートも多いですし、そもそも筋肉を大きくする「唯一の方法」などありません。

高重量が筋肥大に貢献するのは確かですが、技術や知識、経験がなければケガの温床になるだけ。**適切な重量、狙った筋肉を的確に刺激するフォーム、関節可動域の見極めなど、すべてがそろって初めてケガのリスクに見合った成果が得られる**のです。

ＰＡＲＴ１でも触れたとおり、技術のともなわないトレーニングは時間と労力を無駄にします。たとえば集中する技術を持たず、まわりの目が気になって80％の集中力で取り組めば、トレーニングの精度は20％のロスに。さらに可動域を保つ技術が未熟で2割減ったら、ロスは36％まで拡大。そこで姿勢を保持する技術がなく、重心がズレるなどして負荷がさらに2割減れば48・8％オフに。すでに成果は半減です。

ほかにも**ロスの要因は多々あるため、同じトレーニングをしているつもりでも成果がゼロに近づく**ことすらあります。3か月後、半年後の体の仕上がりに天地ほど差が

一つひとつの技術いかんで成果は0にも100にもなる

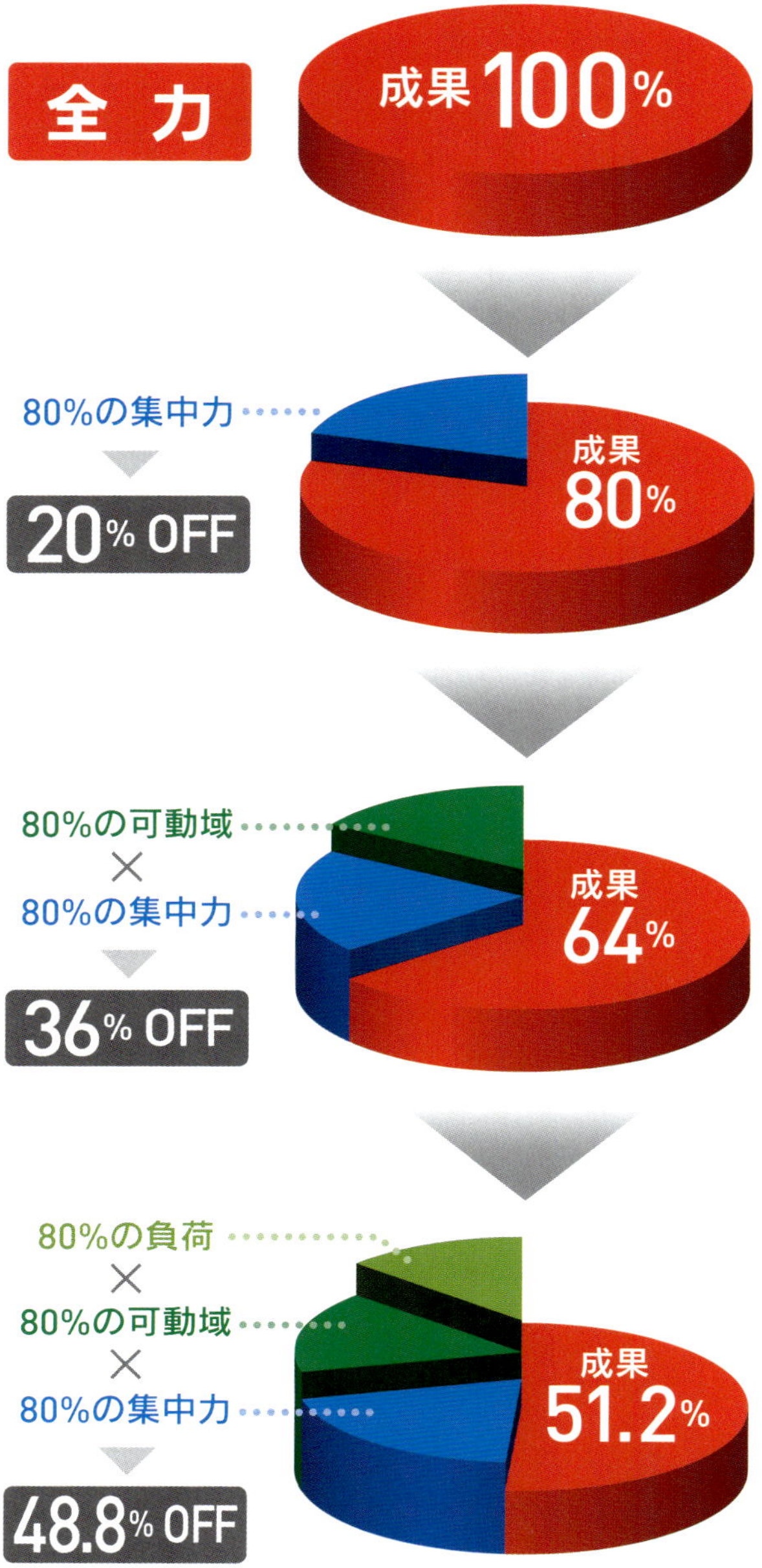

開くのも当然です。

これは初心者にかぎった話ではありません。トレーニング歴の長い方でも、繊細な感覚や技術、精神力や集中力を磨けば普段のトレーニングの成果を高められます。最速で理想の体を得るには、技術が必要なのです。

「事前疲労」で狙った筋肉を集中的に盛る

本書の部位別プログラムは、3秒間全力を出し続けることをくり返す「スクイーズ」種目から始まります。これは、普段うまく使えていない筋肉を目覚めさせ、大きくする筋肉を限定するためです。そのカギを握るのが「事前疲労」。読んで字のごとく、トレーニングの最初に鍛えたい筋肉を集中的に疲れさせておく方法です。たとえばプッシュアップ（P56参照）では胸以外にも腕や肩、体幹を使いますが、胸を鍛え上げる前に腕が限界になることも。でも先に胸を疲れさせておけば、それは防げます。

スクイーズ後の筋肉内では、さらなる変化が生じます。**日常生活でよく使われる「スタミナはあるが力の弱い遅筋線維」が限界に達し「力は強いが持続力のない速筋線維」が動員される**ようになるのです。

肥大しやすい速筋線維（タイプⅡb）は低負荷でも使われる

私の恩師・日体大の中里浩一教授の研究によると、高負荷・低回数で追い込んでも、低負荷・高回数で追い込んでも、筋肥大の指標の一つであるmTORの出現量は変わらなかったとのこと。筋肉が追い込まれると低酸素状態になって、おもに酸素を使ってエネルギー代謝をする遅筋線維が動員されにくくなり、速筋線維が使われるし筋肥大を促すホルモンも分泌される。つまり、きちんと追い込みさえすれば、速筋線維は動員されるし肥大もするということがわかっています。ただ高回数だと時間がかかるし精神的にもキツいので、本書では時短すべく「事前疲労」を取り入れているのです。

速筋線維は、すばやい動作や力強い動作をするときに活躍します。爆発的なパワーはあるものの、わずか数秒から数十秒しか全力で動けません。でも肥大しやすいため、最速で筋肉をつけるうえでの最重要ターゲットです。速筋線維を手っ取り早く鍛えるには高重量が有効ですが、どの筋肉が動いているかわからなくなりやすいしケガのリスクが大きい。それを最小限に抑える工夫が、本書のスクイーズというわけです。

スクイーズで妥協なく力を絞り出せれば、負荷の大きさは自分次第で天井知らずに。つまり取り組み方によっては最高の自重トレーニングになるということです。

事前疲労させておくと狙った筋肉を確実に追い込める

ショートインターバルで筋肉の合成力を高める

動作に集中して1種目ずつ力を出しきるようにトレーニングすると、筋肉を大きくするために必要なホルモンなどがたっぷり分泌されます。最速で筋肉をつけるなら、もちろん最大限それを活用したい。そこで役立つのが、種目ごとの休憩を極力短くする「ショートインターバル」です。

まず本書のトレーニングをすると、筋肉がギュッと縮むことによって血管が圧迫されます。これが血流を滞らせ、運ばれてくるはずの酸素がうまく届かない状態に。そうすると酸素を使って動く体内のエンジンが機能しなくなり、酸素なしで動くもう1つのエンジンが力強くはたらきます。その代償として乳酸や水素イオン、一酸化窒素などといった代謝物が蓄積することに。これらの濃度が上がると「筋肉が深く追い込まれた」と判断され、筋肥大を誘発するホルモン、そして成長ホルモンなどの分泌が促されます（**左図A**）。ですが1分を超えるほど長く休憩をとると、せっかく集まった代謝物が流れ去ってしまう。そうするとホルモンの分泌が減って筋肉の合成力も低下するのです（**左図B**）。

持久力のある「粘れる体」をつくるのがショートインターバル

スポーツでは、すばやく力強い動きを何度も求められます。サッカーでもバスケットボールでも、柔道などの格闘技でも、最大パワーの動きを数分に1回だけする能力より、動き続けるなかで幾度となくダッシュする、投げるなどの能力が必要です。ショートインターバルのトレーニングをすると、筋肉が大きくなるだけでなく、こうした「強い筋力発揮を持続する力」まで養えます。アスリートがこぞって取り入れるのは、この力をつけたいからでしょう。

休憩が短ければ代謝物の濃度は保たれ、ホルモンがバンバン分泌されるフィーバー状態は継続。大量に体内を巡ることになります。結果、筋肉を大きくする効果をしっかり高められるというわけです。

このショートインターバル、慣れない人にはキツいと思います。息は上がるし力も入りにくくなる。でも、それを乗り越えてこそ最大の成果が得られるのです。本書では種目間の休憩を10秒としたのでハードではありますが、使う筋肉を少しずつ変えたので全力で取り組めるはず。それで規定の回数をこなせなかったとしてもOKです。限界まで動き続けてこそ、最速で筋肉を大きくできるのですから。

概念図

ホルモンの力を活用できるかは インターバルのとり方で決まる

A インターバル 10秒 (ショートインターバル)

筋力低下や疲労が限界に達する前に休むから
継続できるし、筋肉の合成力も大きく高められる

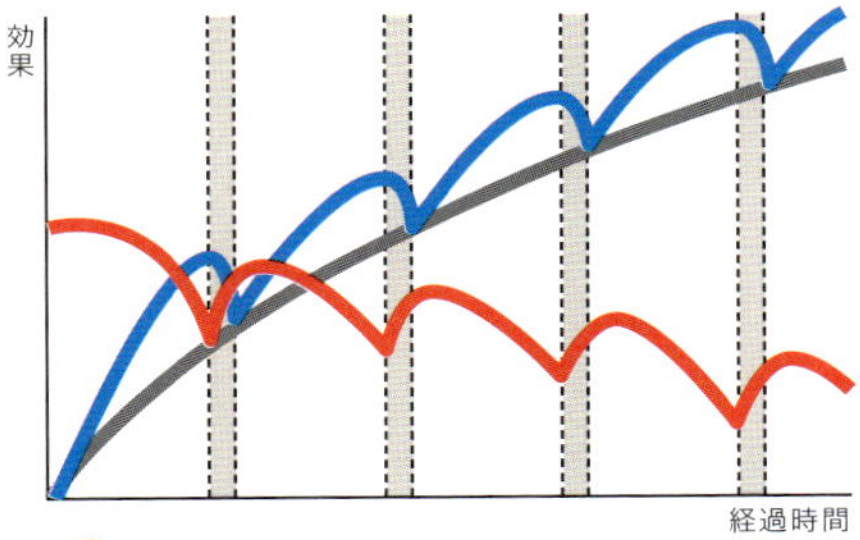

B インターバル 3分

インターバルによって筋力が戻り疲労も回復するが、
筋肉の合成力は大きく上がらない

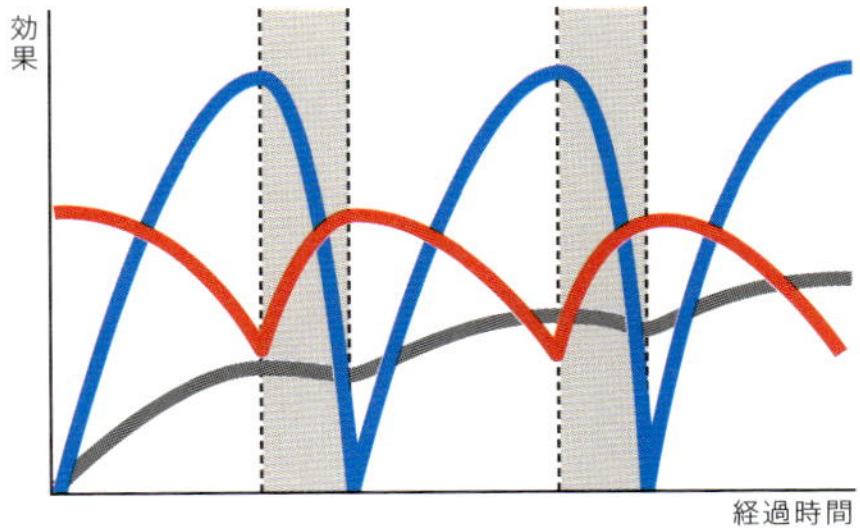

インターバルなし

筋肉の合成力は上がるが、すぐに疲れて動けなくなる

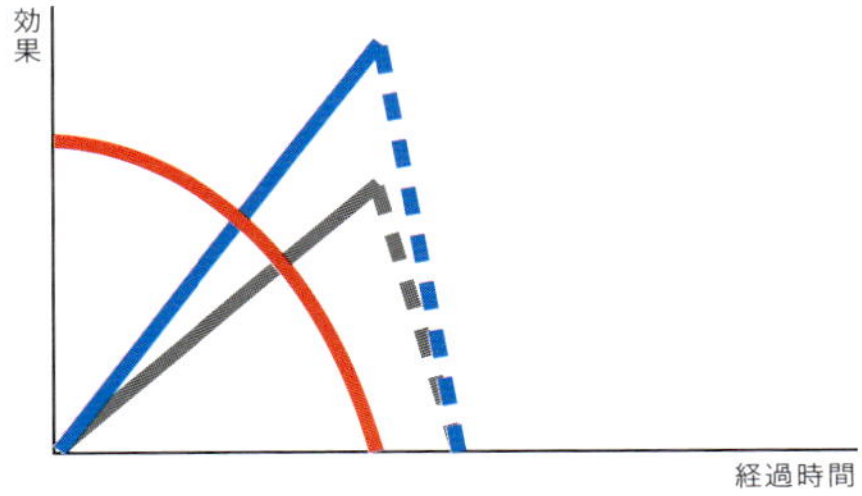

「戻す動作」への意識を高め刺激を最大化する

1セットあたり2分半から5分に筋肥大の技術を凝縮したプログラムなので、1秒たりとも無駄にできません。筋肥大を誘発するホルモンの分泌といった甘美なご褒美をできるだけ多く得るうえでも、**一つひとつの動作を「つねに力を抜かないで行う」のは絶対条件**です。

しかしトレーニング経験の浅い人の多くは、筋肉を「限界まで追い込む」ことができません。いちばん大きいのは肉体が限界に達する前に心が折れるからですが、技術面では2つ考えられます。**1つが「戻す動作」で力を抜くこと。もう1つは反動や切り返し動作で力が抜けること**です。

たとえばシットアップ、いわゆる腹筋運動の戻す動作でドスンと背中から落ちるケース。これは毎回力が抜けるため、

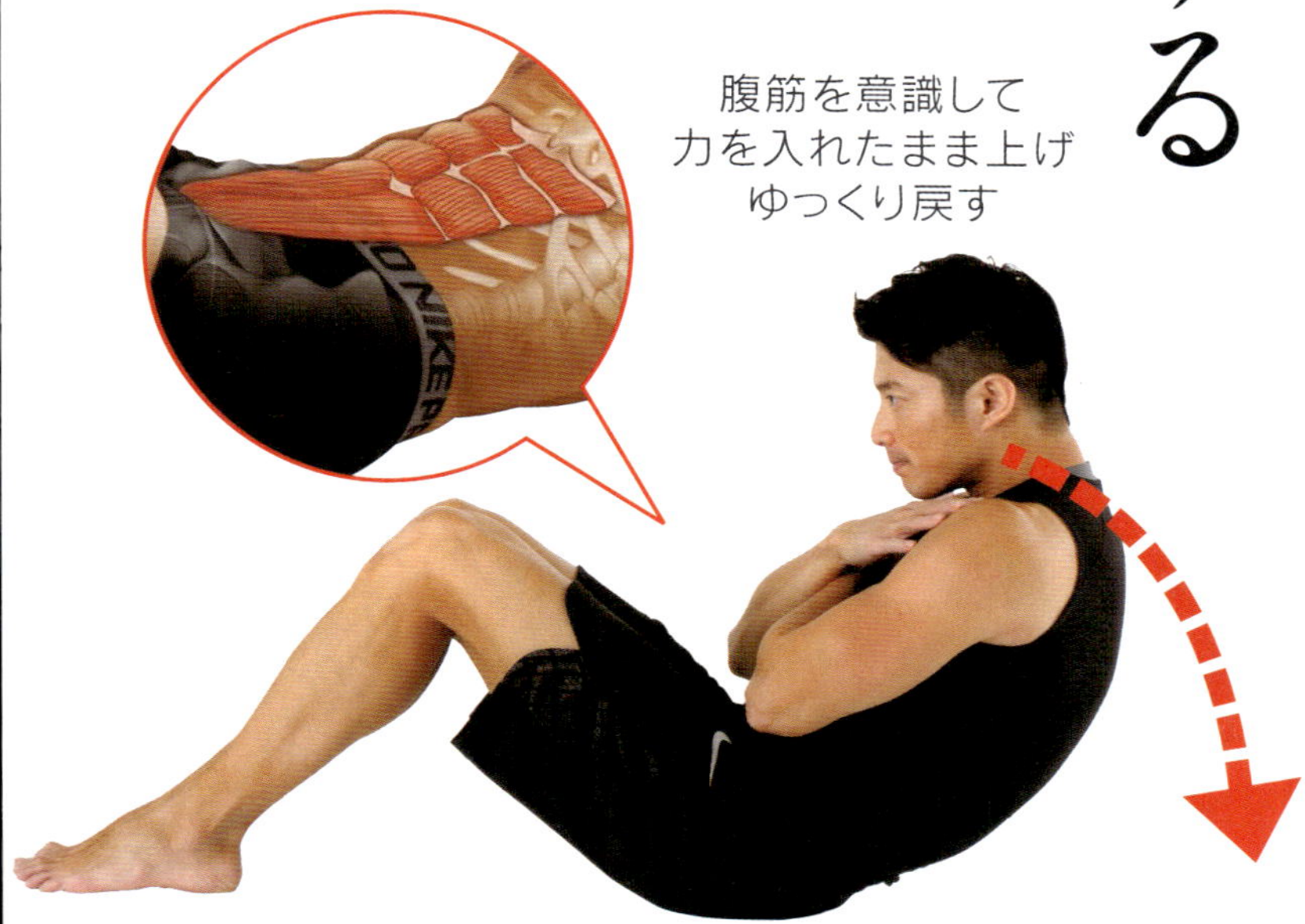

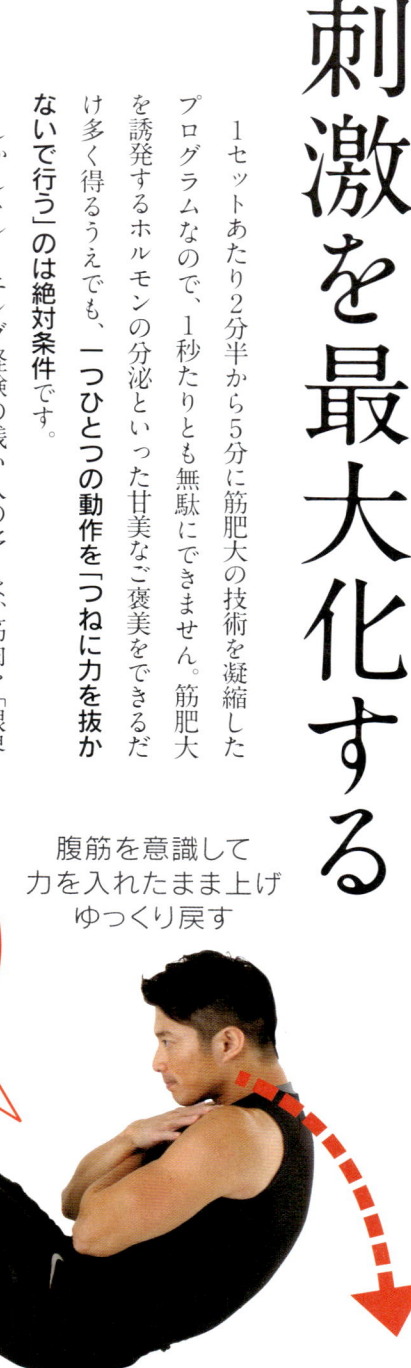

腹筋を意識して
力を入れたまま上げ
ゆっくり戻す

かなりラクです。回数自慢にはうってつけですが「追い込むのに時間をかけています」と宣言しているようなもの。逆に、起き上がるときは上半身をしっかり丸めはするが起こしきらず、戻るときは背中をつけないようゆっくり動作すると、相当キツい。腹直筋から力が抜けないため、短時間で集中的に効率よく追い込めます。

本書のプログラムは、この「抜かずに追い込む」をやりやすくするため「1秒上げ、1秒キープ、1秒下ろし」というテンポに設定しました。**テンポを守ることで「メインの動作」だけでなく対となる「戻す動作」への意識が高まる**からです。これを厳守すれば「メインの動作」だけで回数を稼ぐ人の倍の刺激が得られます。種目によっては「戻す動作」で力を発揮する「エキセントリック収縮」のほうが速筋線維を動員できるぶん筋肥大効果は高まるため、とても重要な技術です。

やってみて「ラクだ」と感じるようなら、力が抜けた、ターゲット以外の筋肉に頼るなど、動作の質の追求が甘い証拠。なぜなら競技者である私でもキツいプログラムだからです。筋肉への意識を見直し、確実に追い込みましょう。

背中全体や頭を

力を抜いて、
「ドスン」と落とす

筋線維と動作の向きを厳格に合わせロスを減らす

次に押さえるべき技術は、狙った筋肉を効率よく刺激する動き方です。大切なのは**筋肉の走行を把握する**こと。筋肉の走行と動作の向きが合っていれば狙った筋肉を刺激し続けられますが、ズレると的が外れます。たとえば大胸筋のように面積の広い筋肉では、刺激を感じるのが高い位置か中央か低い位置かを把握したうえで、走行に合わせて動作できるかが成果に直結します。漫然とトレーニングしていたら、いつまでもつけたいところに筋肉はつかないのです。これはジムでも本当によく見かけ、歯がゆい思いをしています。

熟練者になると筋肉の始まり（起始）、真ん中（中央）、終わり（停止）を鍛え分けます。さらに、伸ばしたとき（ス

狙った筋線維と動作の向きが合わないと別部位のトレーニングに

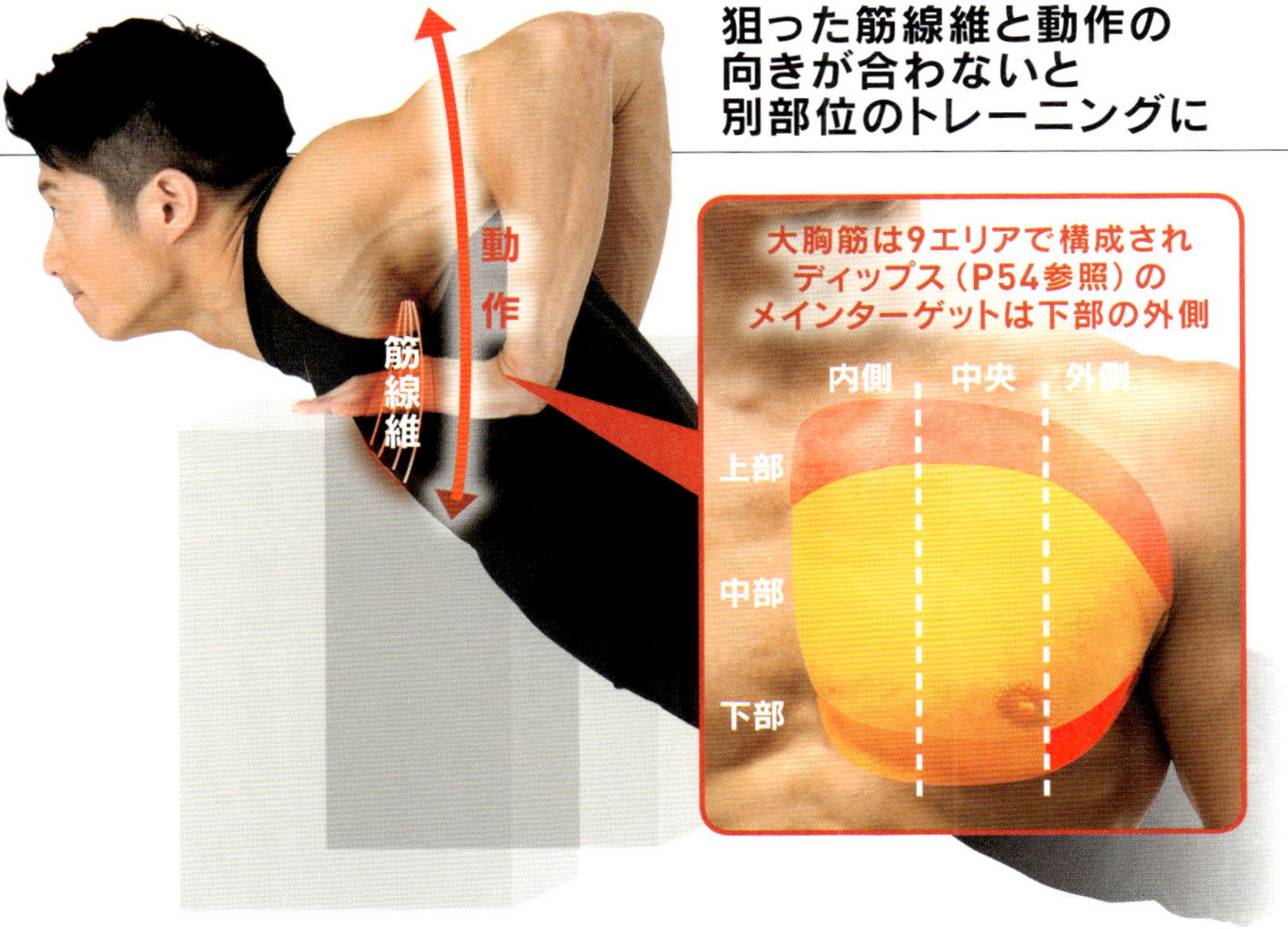

トレッチ種目）か、縮んだとき（コントラクト種目）か、またはその中間（ミッドレンジ種目）の、どれがいちばん刺激を感じるかも見極め「なりたい胸」をイメージしてトレーニングします。

難しい話をしてしまいましたが、ご安心を。本書の各種目には、狙った筋肉の走行に合わせて動作するコツを示しました。それに従って鍛えれば、最速で体形にメリハリをつけるうえでの強力な武器になります。大切なのは、筋肉の走行を把握し、厳格に動作を合わせることです。

一つひとつの動作を大事にしないと、まっすぐ動くべきところを知らぬ間に湾曲して動いたりします。これは長年体に染みついた動作のクセによって使われやすい筋肉が生じ、その方向に引っ張られてしまうためです。

このように**特定の筋肉に意識をフォーカスして精密に動くトレーニングは、重りに気をとられない自重トレーニングこそ、うまくいきます**。一見地味ですが、体と向き合うぶん変化にも気づきやすい。人生は有限ですから、技術の詰まった無駄のない方法で取り組みましょう。

可動域を回復させ鍛え漏れを防ぐ

筋肉は、動かさないとどんどん縮みます。

太もも裏側のハムストリングスや背骨周辺の脊柱起立筋は、寝る前にしっかりストレッチをしても目覚めた時点で10%以上縮むことすらある。こうした筋肉に引っ張られる関節は、大きく動かす機会がないと可動域が狭まっていくのです。**関節可動域を最大化できる種目を選んでも、縮んだ可動域を回復させてから取り組まないとロスばかり増します**。これが、どんなにもったいないことか、ご説明しましょう。

可動域が狭まると、動ける範囲が5〜10度は狭まります。「たかだか5〜10度」と侮ってはいけません。10度の差も、10回動作をくり返せば１００度、3セットで３００度。90度の動作を週3回、1年行うなら、同じ程度の時間と労力なのに48セット分の損失です。さらに、どの種目にも筋肥大への貢献度が高い「おいしい可動域」があるのですが、そこに届かなくなるとしたら完全な無駄。最大収縮する最後の数ミリに到達しなければ、筋肉のかたちが変わる時期は先送りされます。

「静的ストレッチは筋力を落とす」は考えるな

「筋トレ前にストレッチをすると筋力が落ちて逆効果では」という心配は無用です。本書のプレストレッチ（P44参照）は各部位10〜15秒と短いので、大きな影響はありません。仮に出力が95%に落ちたとしても、一つひとつのトレーニングで体がよく動くこと、そして長きにわたりケガをしないことのほうが、はるかに大きなプラスが生じます。

とくに可動域が狭くなりやすい部位は肩、股関節、そして体幹です。少なくとも、これらの部位だけは可動域を広くとる種目を続けましょう。柔軟性の低さを自覚しているなら、ウォーミングアップの習慣化が必要です。

柔軟性は、ある程度高いほうがケガの予防にもつながります。せっかくトレーニングを習慣化できても、ケガや痛みが生じたら休止せざるをえません。ちょっとした違和感は体が壊れる予兆。無理したらかならず壊れます。壊してしまうくらいならウォーミングアップに時間を使うほうが、はるかに賢い選択です。

「めんどうだから」といきなり筋トレに入るのは危険な習慣。わずか数分でできる準備運動として、歯磨きのように「やらないと気持ち悪い」状態に持っていきましょう。

可動域が狭まりやすい部位

ケガを防ぎ トレーニングの 効果を高める 90秒 プレストレッチ

各10〜15秒

事前のストレッチには、ケガ予防だけでなく関節の可動域を広げる効果がある。硬い部位もやわらかい部位も間違いなく5〜10度は広がるため、1回の動作で鍛えられる筋線維が増す。数分あればできるので、ウォームアップとして習慣づけよう。

体幹＋肩甲骨

壁を前にし、足を腰幅程度に開いて立つ。頭より高い位置で両手を壁につく。息を吐きながら、お尻を後ろに突き出し、上体をできるだけ沈める。腕や肩、上体に伸びを感じながら10〜15秒キープ

大胸筋

壁を横にして立つ。壁側のひじを肩と同じ高さに保ち、手のひらを壁につける。息を吐きながら、壁と逆側に上体をひねる。上腕から胸に伸びを感じながら10〜15秒キープ。左右行う

左右行う

背中

ひざを立てて座り、ひざの裏で指を組む。息を吐きながら腰を後ろに倒し、背中を丸める。肩甲骨をできるだけ広げるよう意識し、腰、背中、首に伸びを感じながら10〜15秒キープ

腹直筋

うつ伏せになり、肩の下で手のひらを床につく。ひじを伸ばし上体を起こしながら反らせる。お腹に伸びを感じながら10〜15秒キープ

腹斜筋

あお向けになり、両腕は肩の高さで左右に伸ばす。一方の脚でもう一方の脚をまたぎ、ひざを直角に曲げて床につける。わき腹のねじれを感じながら10〜15秒キープ。左右行う

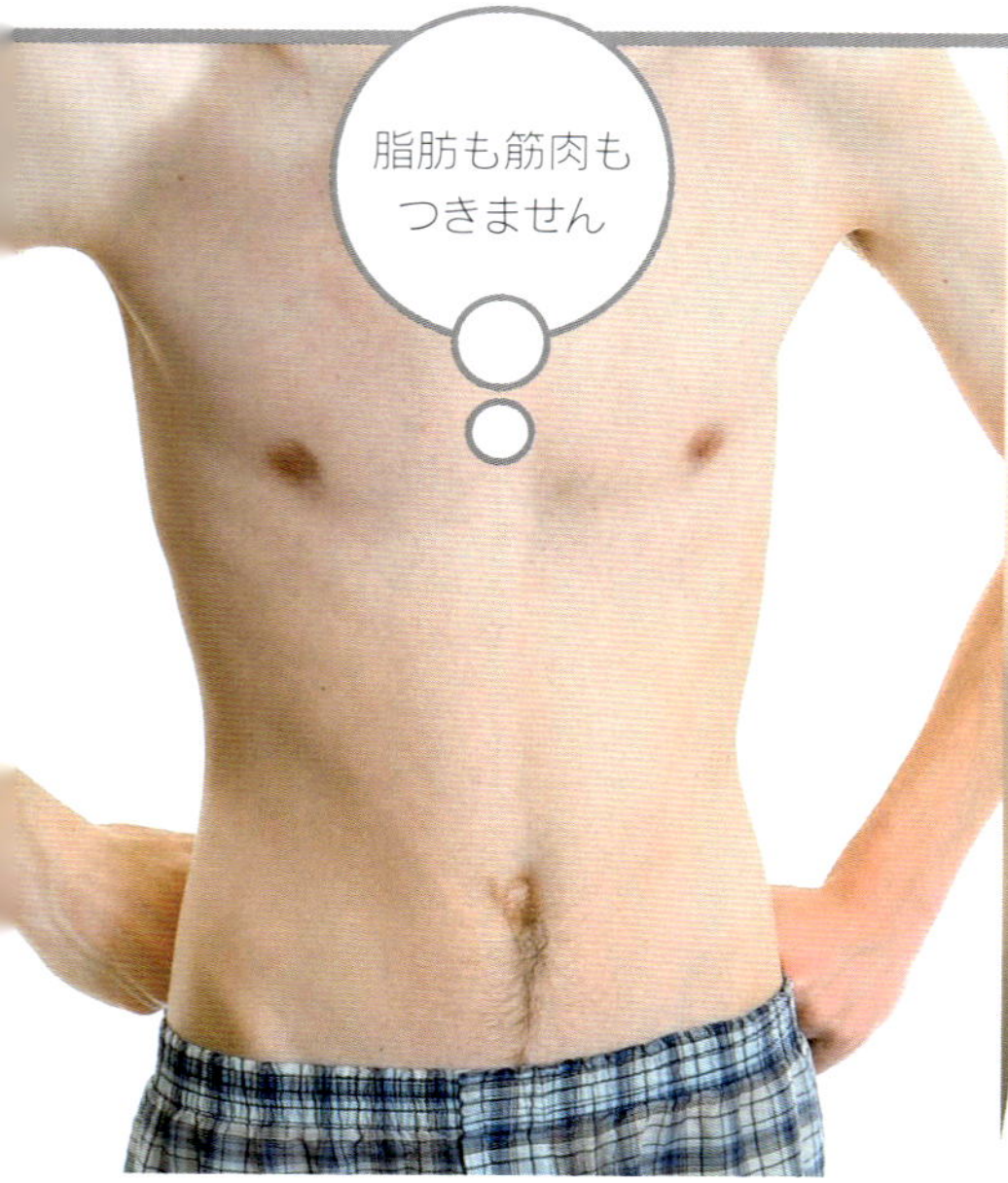

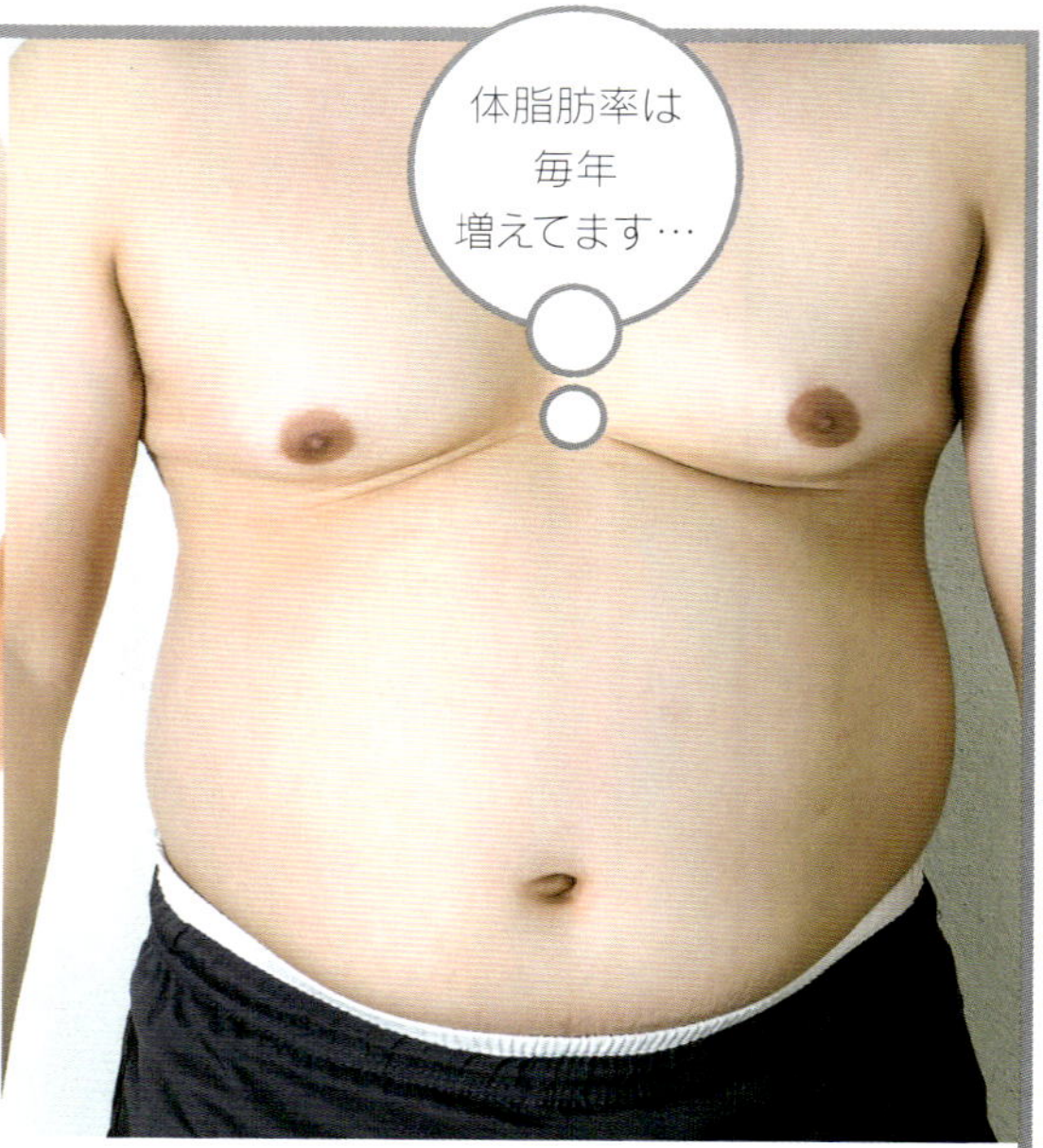

体形別プログラム

48ページからの部位別プログラムを続けさえすれば、体は確実に変わります。でもいまの生活にどう組み込むのが効率的か知っておきたいという方もいるでしょう。ここでは「体重が増えにくい」「体重が増えやすい」の2タイプに分けてプログラムをご用意しました。

まず、本書の種目は筋線維が深く傷つくほどの高負荷ではないので、筋肉を修復するための休息日は不要です。最初は2～3ターゲットの部位を決め、1日1部位を日替わりにすれば習慣づけしやすいでしょう。食にも目を向けると理想の体に早く近づけるので、簡単なアドバイスも記しました。

集中力を軽視するな

「筋トレ後に有酸素運動をしたほうが体脂肪は落ちやすい」という話は、どこでもされるようになりました。これは筋トレをすると体内の糖が消費され、それを補填するために脂肪が分解されて使われるから。さらにアドレナリンなどのホルモンが分泌され脂肪燃焼効果がアップするからと説明されるでしょうが、じつはメリットはそれだけではありません。「疲れていないときのほうが筋トレに集中できる」ことが、意外と大きいのです。とくに本書のコツを実践しつつ正しいフォームで行うには高い集中力が必要とされます。

体重が 増えにくい （ハードゲイナー）

いわゆる脂肪も筋肉もつきにくい人です。このタイプは見た目が変わりにくくモチベーションを保つのが難しいので、まず体のアウトラインに着手します。肩と腕、背中に筋肉の谷間を刻む過程で、質の高い筋トレを習慣づけましょう。

「体をハードに見せるのがトレーニング、大きくするのが食事」とは世界のトップビルダー、ショーン・レイの言葉ですが、食事の全体量を増やしたほうが筋肉はつきやすくなります。一度に量を食べられなければ、回数を増やしましょう。肉や魚、卵など良質なたんぱく質と脂質を毎食摂るのがベストですが、はじめはトレーニング前か後にプロテインを摂るのが手軽でおすすめです。

基本プログラム
1日1部位2セットを週3日から始め、慣れたら毎日3〜5セット行う。

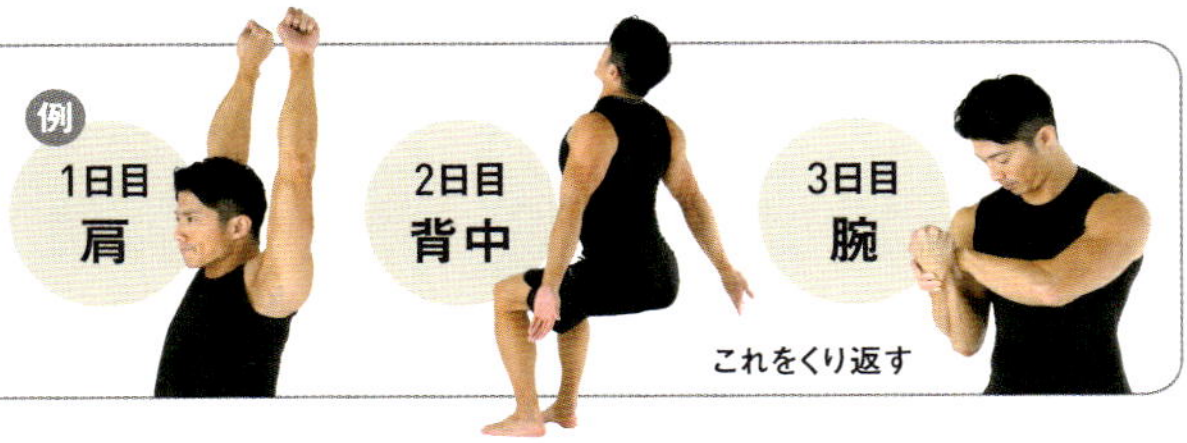

まずはここから

体重が 増えやすい （イージーゲイナー）

脂肪がつきやすいということは、食べたものを体に取り込む能力が高いということ。「そういえば筋肉もつきやすい」という人も多いはずです。

このタイプの人は脂肪という重りによって、ある程度は筋肉がついています。「肥満の人が数週間で細マッチョに」という宣伝は、脂肪に隠れていた筋肉があらわになっただけと考えてください。まず背中、下半身と大筋群を使う部位別プログラムを行い、消費エネルギーを稼げるHIIT（P146参照）で脂肪除去効果を高めましょう。このタイプは上半身の筋肉が充分でないケースも多いので、気になる部分を攻める手も。食事は、パンやご飯、脂っこいものを控えて野菜を摂れば、数キロの体脂肪なら1か月であっさり落ちます。

基本プログラム
HIITを1日おきから始め、慣れたら毎日。
余裕のある日は下半身や背中のプログラムを行ってからHIITのセット数を多めに。

スクエアで
胸
chest

厚みのある胸板は鍛え漏れをなくした証し

体の正面に広がる胸は、その人の印象を大きく左右します。胸がしっかりしていれば自信もつく。では、どんな胸に仕上げると魅力が増すのでしょうか。

細部は好みが分かれるでしょうが、ベースは胸の筋肉全体を鍛え上げることで完成するスクエアな形状だと思います。ところが日本人の多くは、胸の上部が薄い。しかも上部は、トレーニングによる進歩率の低いエリアなので「サクッと分厚く」できるほど簡単ではありません。最速で印象を変えるなら、狙い目は大胸筋下部でしょう。

大胸筋下部は胸の下側と外側というアウトラインに位置するため、少し筋肉がついただけで輪郭が鮮明になります。光が当たると影も強調され、

肩甲骨を躍動させよ！

胸の自重トレーニングで重要なのは、肩甲骨周辺の柔軟性です。大胸筋は胸郭から腕のつけ根（上腕骨）に、その奥にある小胸筋は肩甲骨から胸郭についていて、周辺には肩甲骨や鎖骨、上腕骨に起始・停止がある筋で構成されています。大胸筋がつく腕のつけ根は、肩甲骨とともに動作します。つまり胸の筋肉を最大収縮・伸張させるには上腕骨、肩甲骨、胸郭との連動が必要で、腕だけでなく肩甲骨・胸郭をしっかり動かさないと、刺激の届かないエリアができてしまうのです。肩甲骨の動きを知ることは、ケガをしやすい肩にかかるストレスを逃すことにもつながり、肩を壊しにくくします。

いち早く成長を実感できる。スクエアな胸板に最速で近づく第一歩としては、うってつけです。

高重量で可動域の狭い種目ばかりこなすと、中央部の厚みと下部は盛れるものの外側は発達せず、女性の乳房のように丸く盛り上がります。まず押さえるべきは大胸筋のアウトラインです。とくに胸とお腹の筋肉がせめぎ合う腹直筋との境目は見逃されがちな「未開の地」。たとえ貧相さしか感じないボディだったとしても、ここに手を入れるだけで印象は一変します。筋肉と筋肉のあいだの溝を深くし、美しいラインを刻みましょう。

胸のプログラムは、スクイーズで全体を刺激したら間髪を入れず下部（外側）、中央部、上部と筋線維の方向に沿って順に刺激し続けることで全体を追い込む構成です。スクエアな胸板への近道を示しました。

それと基本中の基本ですが、できていない人が多いのが、すべての動作を胸の力のみで行うよう意識することです。もちろん実際には腕や肩の筋肉も動きますが、胸の種目は腕や肩の力に頼ったほうがやりやすいものも多いため無意識に強く関与しがちです。これは筋肉のコントロールに長けたボディビルダーですら犯しやすいミスなので、細心の注意が必要。つねに胸と腕どちらに疲労が起きているかを感じ取り、全刺激を胸に集中させる気持ちで取り組みましょう。

トレーニング中に、肩の前側に痛みをともなう突っ張り感があったら要注意です。肩甲骨をよく動かすと肩への負荷は軽減されますし、プレストレッチ（P44参照）で肩の前側をほぐすと突っ張り感は軽減されます。

胸のかたちをスクエアに変える、それがディップス

ディップスは、やり方次第でスクエアな胸のアウトラインをつくる重要種目になりえます。私自身、ディップスをやり込むことでスクエアに仕上げました。それ以前は、丸みのある輪郭は遺伝的なもので「どうしようもない」と思っていたのですが、体をやや前傾させて大胸筋の外側を狙ったディップスを試したところ、そこに力強いパンプを得られたのです。それから、あきらめかけていた胸のかたちは大きく変化しました。

胸トレプログラム　1セット4種目（3分30秒）

各プログラムは4種目を続けて行う。次の種目への移行時間は10秒以内

スクイーズ種目は3秒全力を5回、ほかは「1秒上げ、1秒キープ、1秒下ろし」で15回終えるか、同じ動作ができなくなった時点で終了。呼吸は止めずに行う

2セットまたは3セットくり返す

パームプレス

最大収縮を実現し、
理想の胸のベースを築く

ディップス

大胸筋下部、とくに外側を鍛えて
スクエアなアウトラインを入手

プッシュアップ

頂点となる真ん中の筋肉を
盛って厚みと立体感を増す

インクライン・プッシュアップ

多くの人の弱点、
大胸筋上部を盛る

ものたりなくなったら
スローダンベルプレス

手を全力で押し合い大胸筋をグッと盛り上げるパームプレスは、筋肉の動きを目で確認できるため、トレーニング初心者でも「スクイーズ」する感覚をつかみやすい。最初は左右の動きが狭いかもしれないが、柔軟性が増せば広がる。すべての筋線維に力が入って張ってくるようイメージすることが大切だ。

胸
chest

standby

大きく息を吸って背すじを伸ばし、肩甲骨を軽く寄せて肩の力を抜く

手のひらを押し合う

両手のひらを胸の前、体の中心で合わせる。大胸筋の盛り上がりを感じるまで、強く激しく押し合う

1

パームプレス

動きを見たい人は

NG

肩をすくめない。肩に力が入ると押し合う刺激が胸に集中しない

2 手を右へ動かし3秒押し合う

1秒かけて手を右へ水平に動かす。限界の位置までできたら、3秒間全力で押し合う

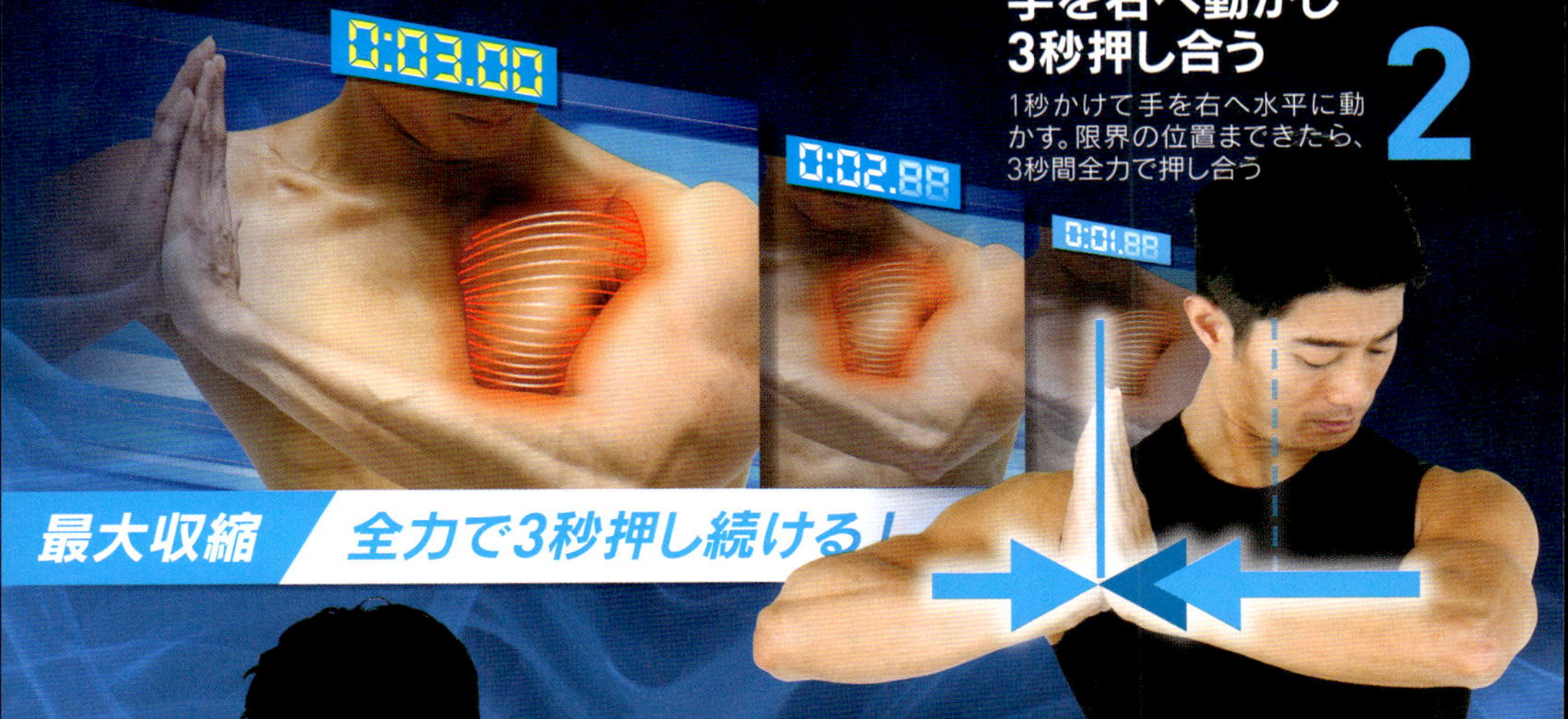

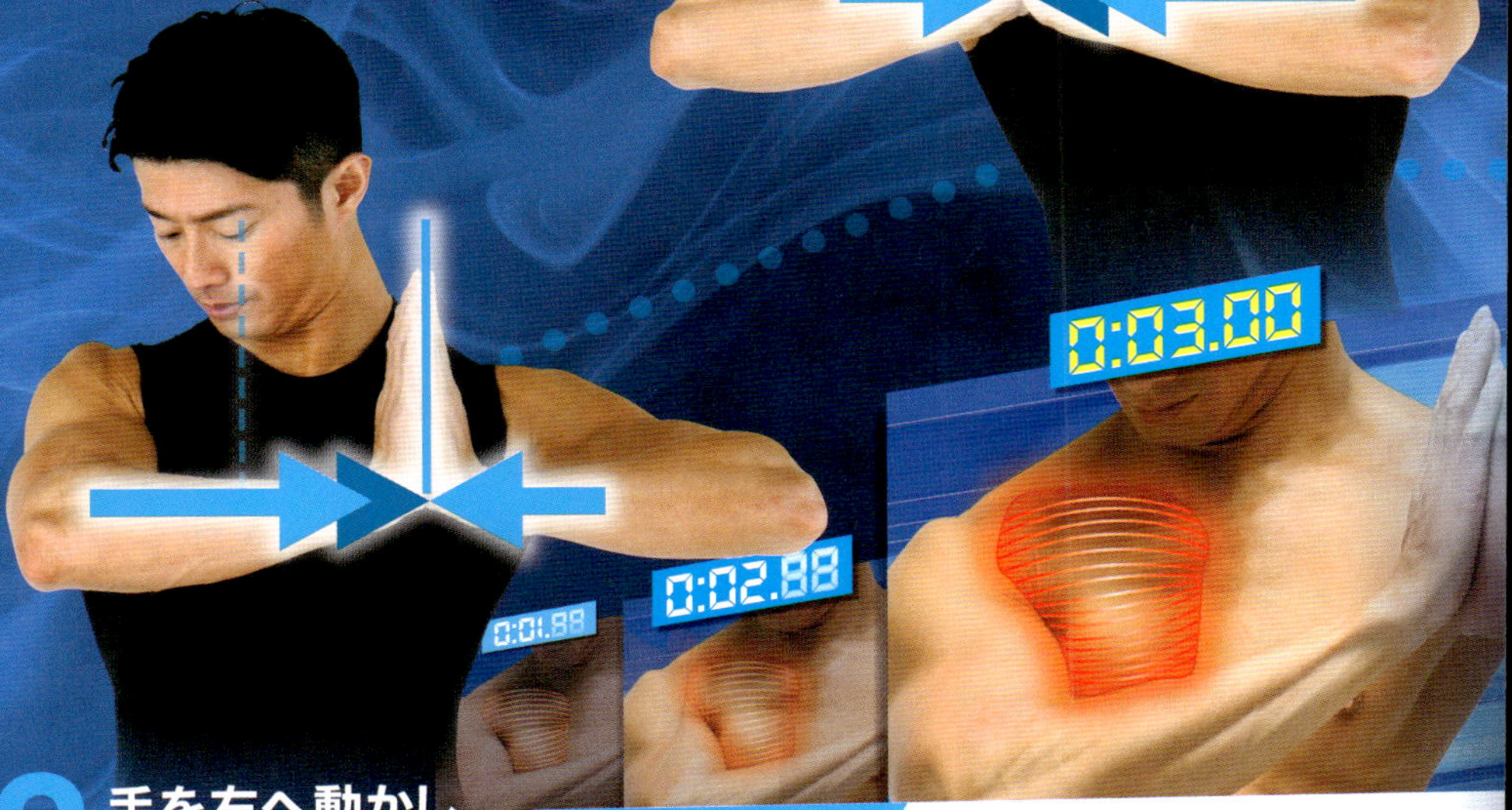

3 手を左へ動かし3秒押し合う

続いて1秒かけて手を左へ水平に動かす。限界の位置までできたら、3秒間全力で押し合う

2・3を 5回 くり返す

次の種目へ

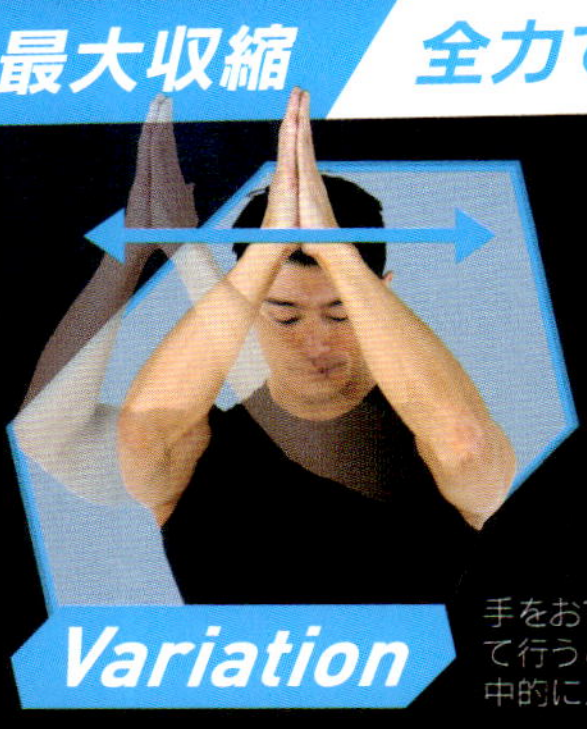

Variation

手をおでこの高さまで上げて行うと、大胸筋上部を集中的にスクイーズできる

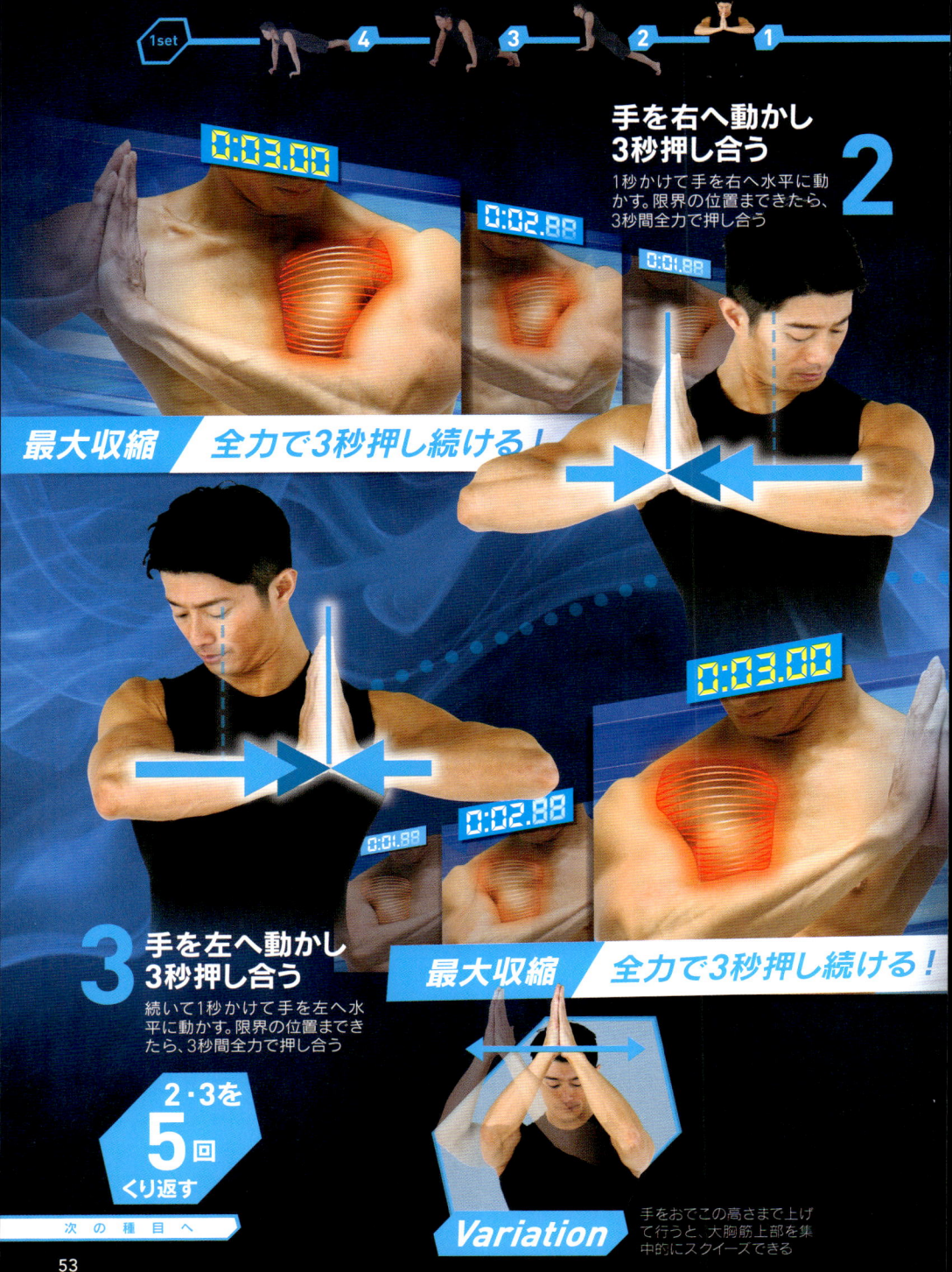

❷ 胸のアウトラインをスクエアにする

胸
chest

ものたりなくなったら
ダンベル
プル
オーバー

大胸筋の下部（外側）を鍛え、胸のアウトラインをくっきりスクエアにするうえで重要なのは肩甲骨の動き。ひじを曲げたときはしっかり寄せ、伸ばしたときはしっかり開く。腕を伸ばしきったら胸にギュッと力を込め続けるのが、効果アップの秘訣だ。

ディップス

動きを見たい人は

息を吸いながら体を深く沈める

息を吸いながら、1秒かけてひじを深く曲げる。このとき腰が反りすぎないよう、お腹に軽く力を入れたまま行う

standby

胸の左右にイスなどを置き、肩の下に手のひらをつく。脚はそろえて後ろへ伸ばす。しっかり胸を張っておくことが重要

効果は落ちるが、ひざを床につけて行うとラク

息を吐きながら
上体を持ち上げる

息を吐きながらひじを伸ばし、胸に力を込めて1秒キープ。腰が反らないように注意

大胸筋下部に効く！

“大胸筋の下部、とくに外側が最もストレッチされるポイント”を使うのが効率よく筋肉を盛るコツ。大胸筋下部に、つねに力が入り続けるポジションを探り当てよう

15回 くり返す

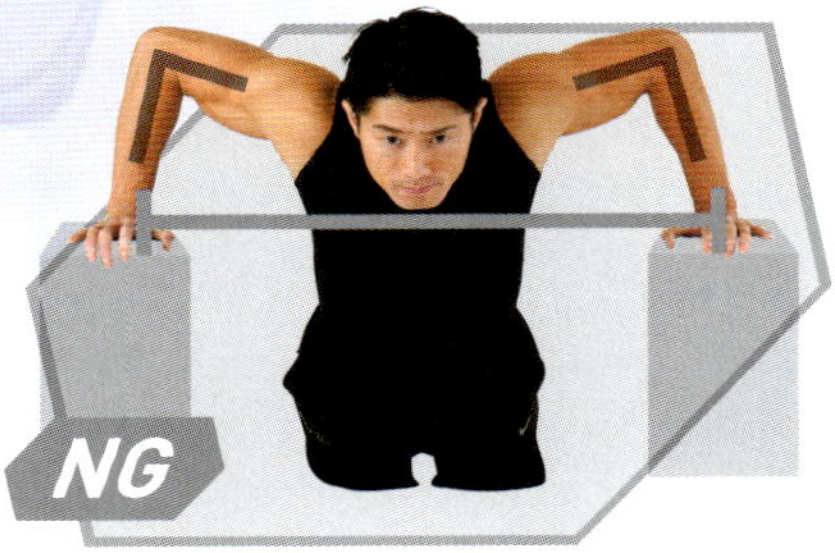

ひじが左右に開きすぎると胸のストレッチが甘くなり、効果は半減する

手は体に近い位置につき、ひじは床に対し垂直をキープ

次の種目へ

③胸全体を厚くする

ものたりなくなったら
ダンベルフライ

大胸筋の中央をメインに刺激を入れ、胸全体をデカくする種目。ディップスと同じく肩甲骨の動きを意識し、可動域を広げよう。ポイントは、体を下ろすときは胸に負荷を感じるスピードにすること。腕の力に頼りがちな種目なので、つねに胸を意識して動作する。

プッシュアップ

動きを見たい人は

指を台にかけると動作が安定しやすい

わきを大きく開くより、少し締めたほうが胸に力が入りやすい。わきの角度の目安は60度。それに合わせて台を斜めに置く

Point

1 息を吸いながら体を沈める

胸の左右に低めの台を置き、それぞれに手をつく。台は上から見ると「ハ」の字になるよう斜めにするのがポイント。両脚は後ろへ伸ばして1秒かけて体を沈める

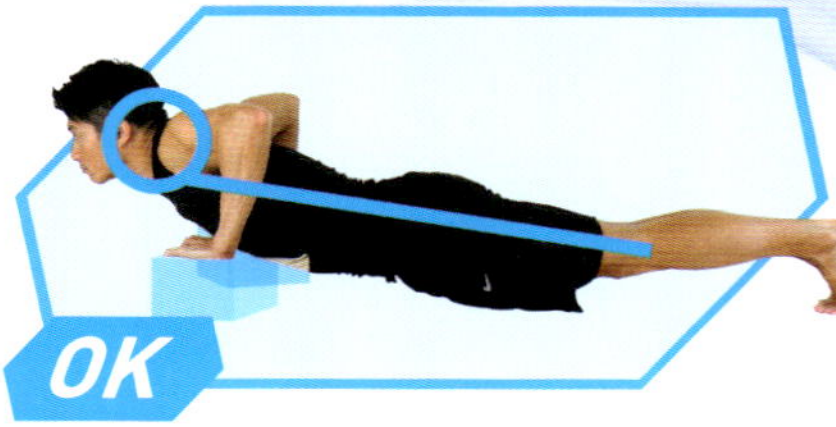

OK

肩甲骨を寄せ、胸をできるだけストレッチさせて、ひざが床すれすれの位置からスタート。お腹にも軽く力を入れて、体は一直線に

NG

腰が反り、お腹が下がると可動域が極端に狭まる。効きの悪い無駄トレに

大胸筋中部に効く！

大胸筋中部をメインに刺激する。腕を伸ばすとき、肩の力に頼らないこと。胸から力を抜かず1回1回動きを止め、全力で筋肉を収縮させよう

15回 くり返す

2

息を吐きながらひじを伸ばす

息を吐きながら1秒かけてひじを伸ばし、大胸筋をギュッと収縮させたまま1秒キープ。このとき腰が反らないように注意

Easy

手をつく台を低めにし、ひざを床について行うとラク

次の種目へ

ものたりなくなったら

インクライン・ダンベルプレス

日常生活ではあまり動くことのない大胸筋上部を鍛えるには、工夫が必要。プッシュアップの動作をしたときに、胸の上部に負荷がかかるよう足の下に台を置くことで調整したのが、この種目だ。慣れてきたら手幅を狭めると、強度が上がる。

インクライン・プッシュアップ

動きを見たい人は

standby

手をつく台はプッシュアップと同様。上から見ると「ハ」の字になるようにし、指は台にかける。脚は後ろへ伸ばし、つま先をイスやベッドなどに乗せて、ひじを伸ばす

1 息を吸いながら体を深く沈める

息を吸いつつ肩甲骨を寄せながら、1秒かけてひじをできるだけ深く曲げる。このとき、腰が反らないよう注意し、肩から足までを一直線に保つ

大胸筋上部に効く！

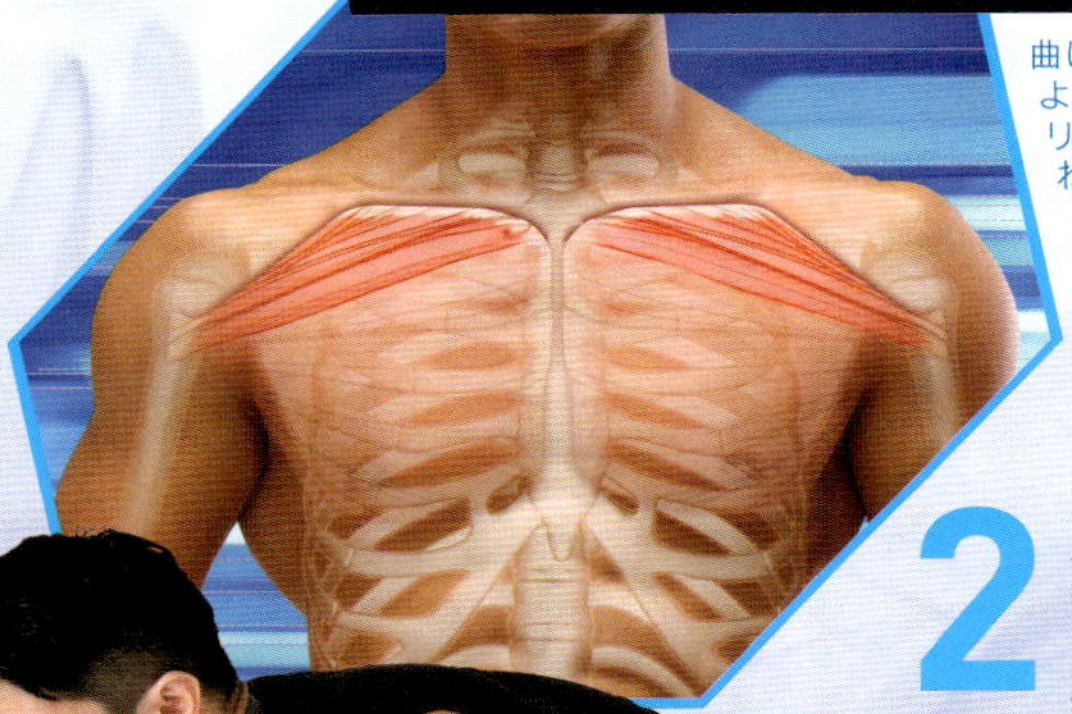

曲げたひじよりも体を深く沈めると、よく効く。とくに筋肉がつきにくいエリアの一つなので、胸上部の張りをつねに感じながらていねいに行おう

2 息を吐きながらひじを伸ばす

息を吐きながらひじを伸ばし、胸にギュッと力を込めて1秒キープ。1と同様に肩から足まで一直線に保つ

15回くり返す

Easy

両足は床につき、腰を高く上げた姿勢からスタート。ひじを曲げながら胸を床に近づけていき、床すれすれからすくい上げるイメージで動く。上半身で曲線を描こう

最速で美しい胸板をつくる技術

胸郭コントロール

大胸筋を解剖学的に見ると、ろっ骨に囲まれた「胸郭」に貼りついていることがわかります。だから、背すじが丸まったり肩が前に出たりする、いわゆる猫背の影響で胸郭が縮んでいると、小さくいびつな土台に筋肉を盛ることに。その状態で固まっていると肩と腕の可動域が狭まるため、刺激できる大胸筋のエリアも限定されます。これでは均整のとれたソリッドな胸板など、到底

大胸筋は胸郭という土台に貼りついている

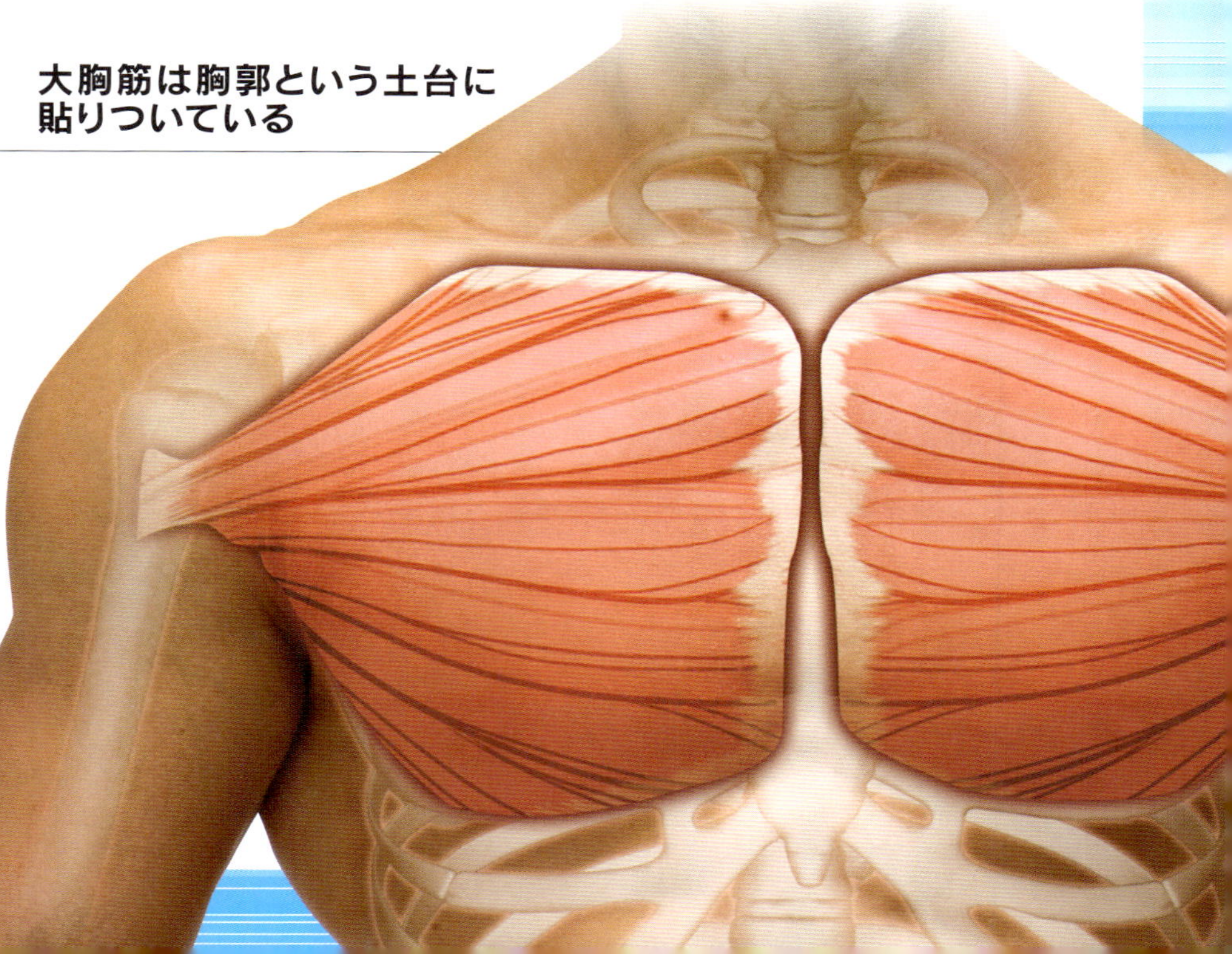

できません。

ではどうするか。

まずは、ろっ骨の可動性を取り戻しましょう。胸郭をふくらませ、よく動かすことで、固まった部分がストレッチされていきます。

おすすめは90秒ブレストレッチ（P44参照）をしながら胸郭を大きくふくらませるように呼吸すること。縮んでいたろっ骨のあいだが広がり、胸郭が持ち上がります。トレーニング経験の浅い人なら、これだけでも胸囲が5〜10㎝程度増えることだってあります。

くり返すうちに、小さくいびつにゆがめられていた胸郭も、雄大な姿に整形されていくでしょう。トレーニング経験のある人も、寝起きや長時間のデスクワークなど、体を動かしていない時間が長いと胸郭は縮みます。しっかりストレッチしておけば、いつもより多くの筋線維への刺激を感じられるはずです。

大きく息を吸い込み
胸を張るだけで胸囲が10cm増すことも

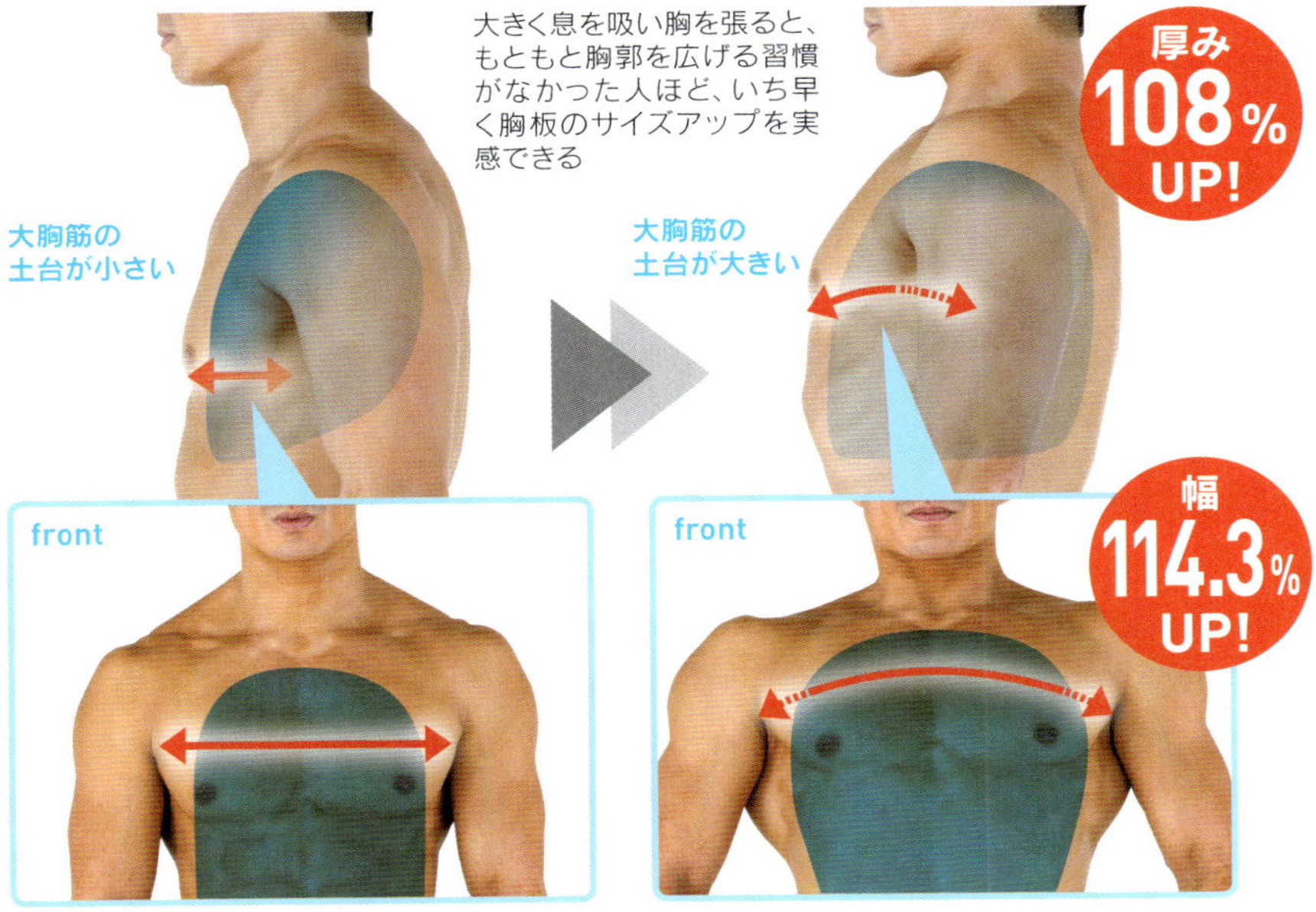

大きく息を吸い胸を張ると、もともと胸郭を広げる習慣がなかった人ほど、いち早く胸板のサイズアップを実感できる

このとき背中側では、脊柱が伸展し肩甲骨が寄ります。つまり姿勢がよくなる。この動きは僧帽筋や広背筋にも関係するので、背中のプログラム前に行うのも効果的です。

胸郭は呼吸とともに休みなく動いてはいますが、何も手を打たなければ大きく広がる機会は減る一方。そうすると筋肉と同じで動かさなければ硬くなり、ふくらんだりしぼんだりする動きも小さくなります。

呼吸が浅い、胸郭の動きが悪いと感じる人は、ぜひ習慣づけてください。伸びがよくなるほど、強く美しい胸板の土台ができます。

慣れてきたら、大胸筋のトレーニングに胸郭の動きをミックスしてもいいでしょう。ディップスやプッシュアップで、体を沈めるときに大きく息を吸って胸郭を最大限広げます。こうすることで、大きく引き伸ばされた大胸筋や小胸筋に体重がかかり強く刺激できるのです。体を上

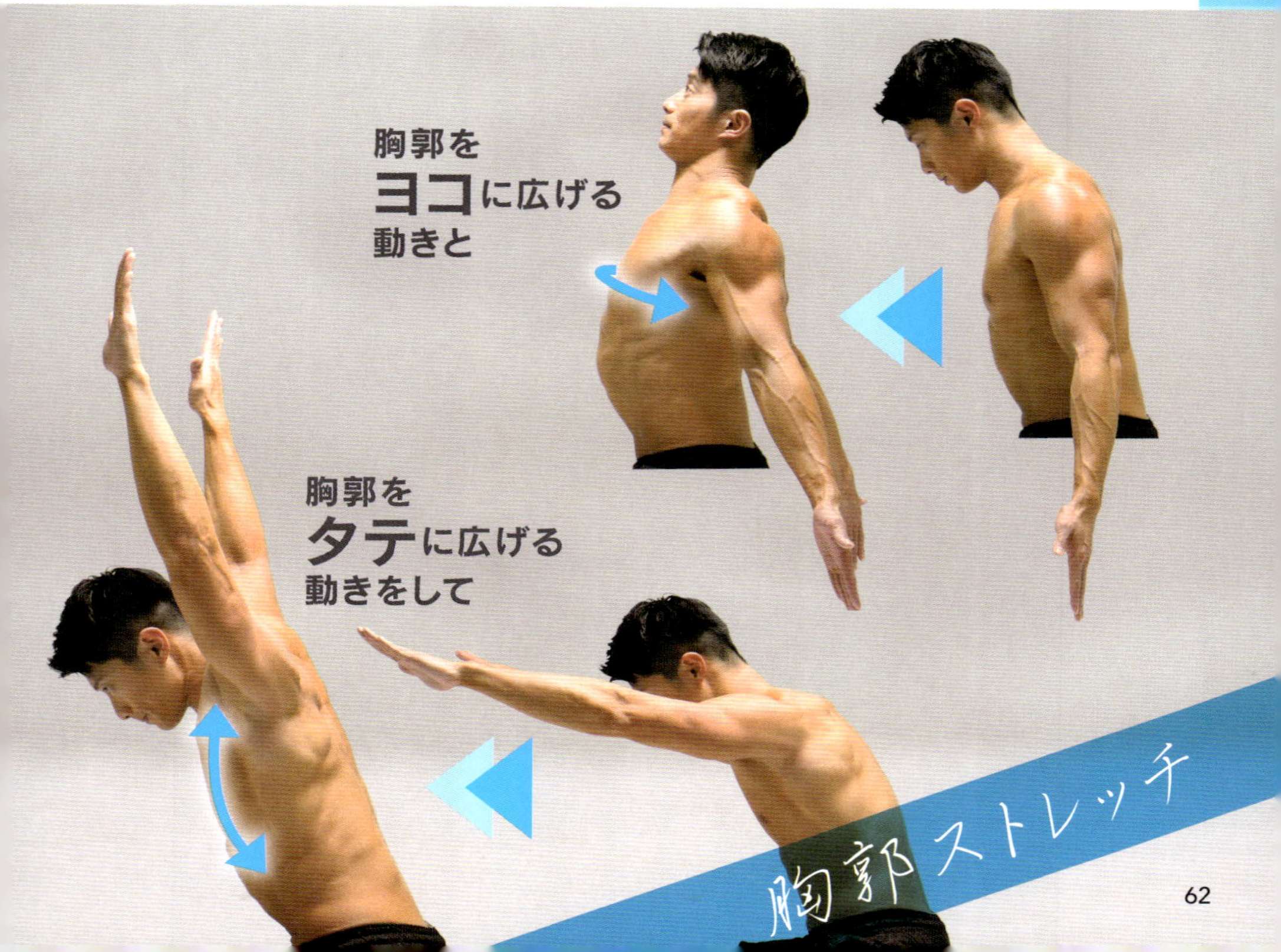
胸郭を
ヨコに広げる
動きと
胸郭を
タテに広げる
動きをして
胸郭ストレッチ

げるときは息を吐いて胸郭を縮め、大胸筋・小胸筋の収縮を高めましょう。こうした技術を一つひとつ積み重ねることで、筋肉をつける効率は上がっていきます。細かな配慮をていねいに積み上げることは、生きていくうえでの態度を正すことにもなるでしょう。

触れればわかる

「大胸筋上部に筋肉がつきにくい」という相談をよく受けますが、これは胸の上部がストレッチのかかりにくい部位であることが関係していると思われます。大胸筋上部が伸びる前に、肩甲上腕関節の関節包や靭帯が伸びてしまうのです。あるいは背中のアーチがキツすぎる状態でトレーニングをし、大胸筋中部や三角筋ばかり動いていることも考えられます。大胸筋上部を触りながらいろいろな角度で動かすと、大胸筋上部がよく動くポイントが見つかるはずなので、その動きをトレーニングにフィードバックしてみるといいでしょう。

P44の「体幹＋肩甲骨ストレッチ」をするときに、右の動きや呼吸を意識すると大胸筋の土台を美しく大きく整形できる

大きく息を吸い込むだけで胸郭が広がる！

動きを見たい人は

体の左右にそびえる
強さの象徴。
肩
shoulder

鍛え上げるほど球形に近づく

幅も厚みもある肩は、いわば強者の証し。ボディメイクのコンテストでも「肩がよければ飯が食える」と言われるくらい重要なパーツです。肩が大きいほど逆三角形のシルエットが強調されます。正面、横、後ろすべての厚みを増すと球体に近づき、美しさや力強さを増していくのです。

本書のプログラムは肩を覆う三角筋の周囲、フロント・サイド・リアに隙なく筋肉をつけて厚みを増すのが主目的ですが、肩という狭いエリアには多種多様な筋肉が密接しているため、雑に動くとかならず狙いが外れます。よくあるのが、三角筋がターゲットなのに力の強い僧帽筋ばかり使って動くパターン。これでは残念ながら「首が短い」「なで肩」の印象になります。最速でかたちを変えるなら、鍛えている部位を「繊細に感じる力」は必須です。

痛みに耐えるな

肩のトレーニングは、骨と骨のすき間に筋肉や腱などがはさみ込まれる「インピンジメント」を起こしがちです。インピンジメントとは「はさみ込み」という意味で、これがくり返されて起きた痛みが“インピンジメント症候群”。悪化すると肩関節周囲炎となり、さらに硬くなると五十肩になることも。痛みを抑えるには時間をおいて炎症が収まるのを待つしかありません。本書のプログラムは炎症のリスクは少ないですが、もともと肩が弱い人や痛めている人は、違和感があった時点ですぐ中止すべきです。

肩が大きくなってきたら、筋肉どうしの境界をくっきりさせ、めり込んだ部分に影を落として魅力を増すことも考えましょう。ターゲットは、首から肩になだれ込む僧帽筋と、後ろから見ると腕から肩に突き刺さる上腕三頭筋です。肩の丸みの下がくびれて腕が始まる、あるいは僧帽筋の厚みを増して肩のつけ根に溝が刻まれると立体感が増し、三角筋の存在が強調されます。

肩で忘れてはならないのが、ケガをしやすい部位ということです。腕をさまざまな方向に動かせるよう〝ゆるめ〟につくられた関節なので、動きが乱れるとズレて痛めやすいのです。また、ほとんどのトレーニング種目で知らず知らず使われるため、疲労が溜まりやすく動きも乱れやすい。このように解剖学的にも壊れるリスクが非常に高いパーツと言えます。だから違和感や痛みを繊細にキャッチすることが何よりも重要なのです。

勝つために、痛みと相談しつつトレーニングするアスリートもいます。でも、これは一般の方にはまったくもっておすすめできません。ちょっとしたことを我慢し続けて一生、違和感や痛みなどという障害を負うリスクもあるからです。

本書の種目はケガのリスクは少ないですが、肩の奥のほうがちょっと気になる、など少しでも違和感があるなら炎症が進んだおそれが。可動域を狭める、回数を減らすなど、痛みが出ない範囲で鍛えましょう。違和感がなくても油断せず、トレーニング前のウォームアップや後のストレッチでケガ予防に努めてください。

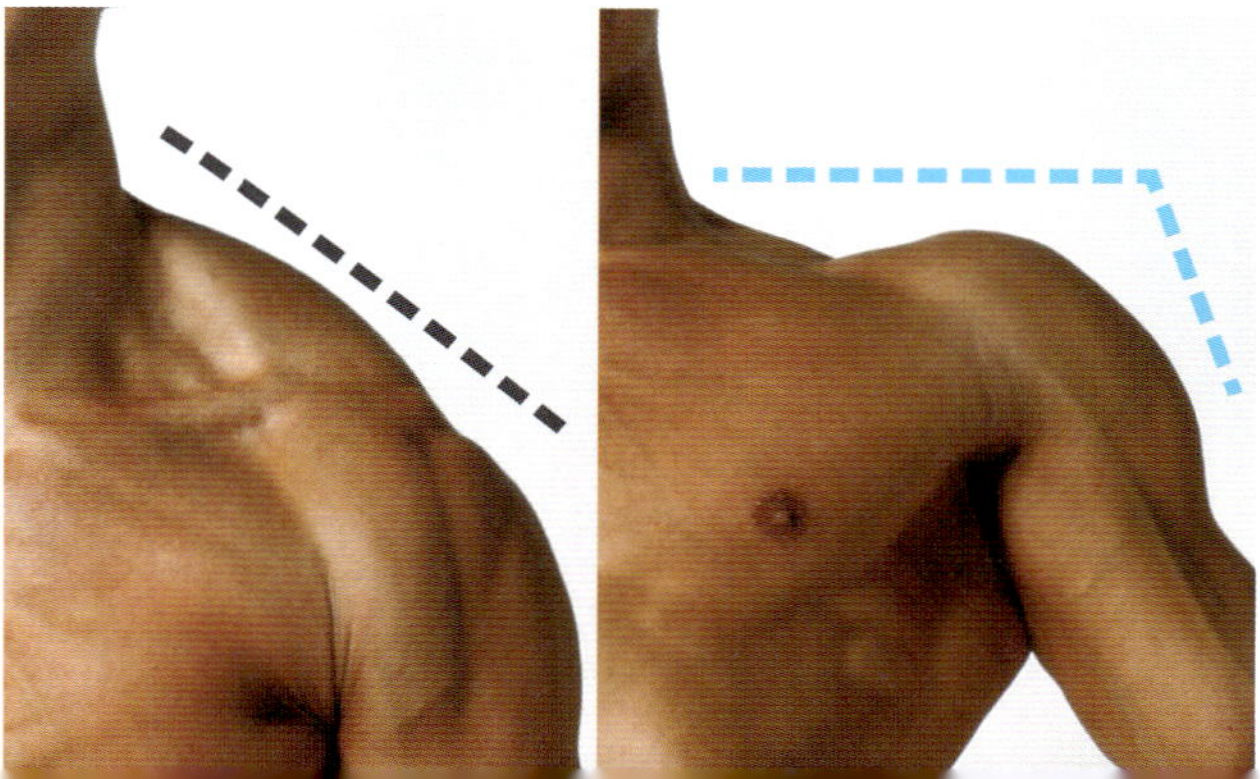

ジムでよく見かけるのが、肩の三角筋ではなく首のつけ根にある僧帽筋ばかり鍛えているケース。これでは逆三角形でなく「なで肩」に近づいてしまう

肩トレプログラム　1セット4種目（2分30秒）

各プログラムは4種目を続けて行う。次の種目への移行時間は10秒以内

スクイーズ種目は3秒全力で5回、ほかは「1秒上げ、1秒キープ、1秒下ろし」で15回終えるか、同じ動作ができなくなった時点で終了。呼吸は止めずに行う

2セットまたは3セットくり返す

ハンズアッププレス

肩全体を収縮させ
“力を込める感覚”を掌握

ショルダープレス

三角筋前部を強く刺激し、
肩の前部を盛る

サイドヘッドスクイーズ

腕の角度を調整し、
三角筋側部を鍛えて肩幅を増す

リアヘッドスクイーズ

三角筋後部と上腕三頭筋を
ダブルで刺激。
丸みとくびれをつくる

ものたりなくなったら
スローダンベルプレス

肩
shoulder

肩の筋肉を最大収縮させるコツは、腕を耳の後ろまでグッと引いてひねること。強烈な刺激が入る。肩まわりの柔軟性が上がって動きがスムーズになれば、腕のつけ根が熱くなるのを感じられるだろう。肩のストレッチをしてから始めないと効果が出にくい種目だ。

ハンズアッププレス

動きを見たい人は

standby

プレストレッチの体幹＋肩甲骨（P44参照）など、よくストレッチをしておく。可動域が広がり肩の詰まり感や痛みの緩和にもなるため、かならず行おう

両腕は耳の横あたりで上に伸ばす。肩をすくめないように注意

腕が左右に開くと、肩の筋肉を最大収縮させられない

1

まっすぐ手を上げる

こぶしを軽く握り、腕を上に伸ばす。肩の力は抜き、ひじもゆるめておく

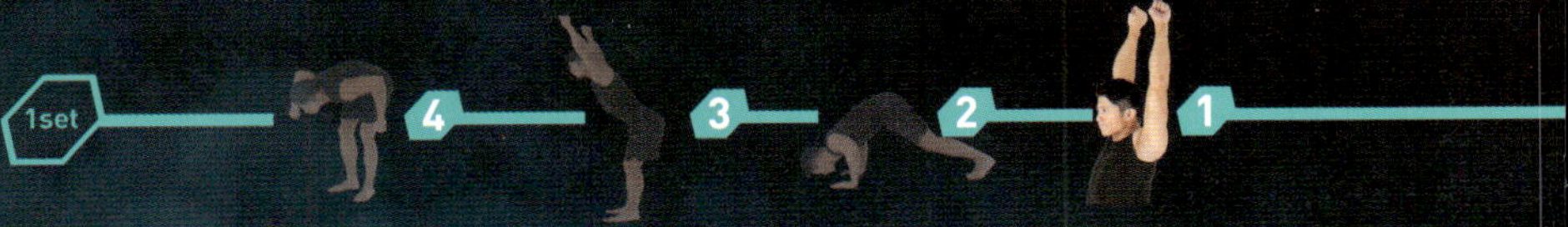

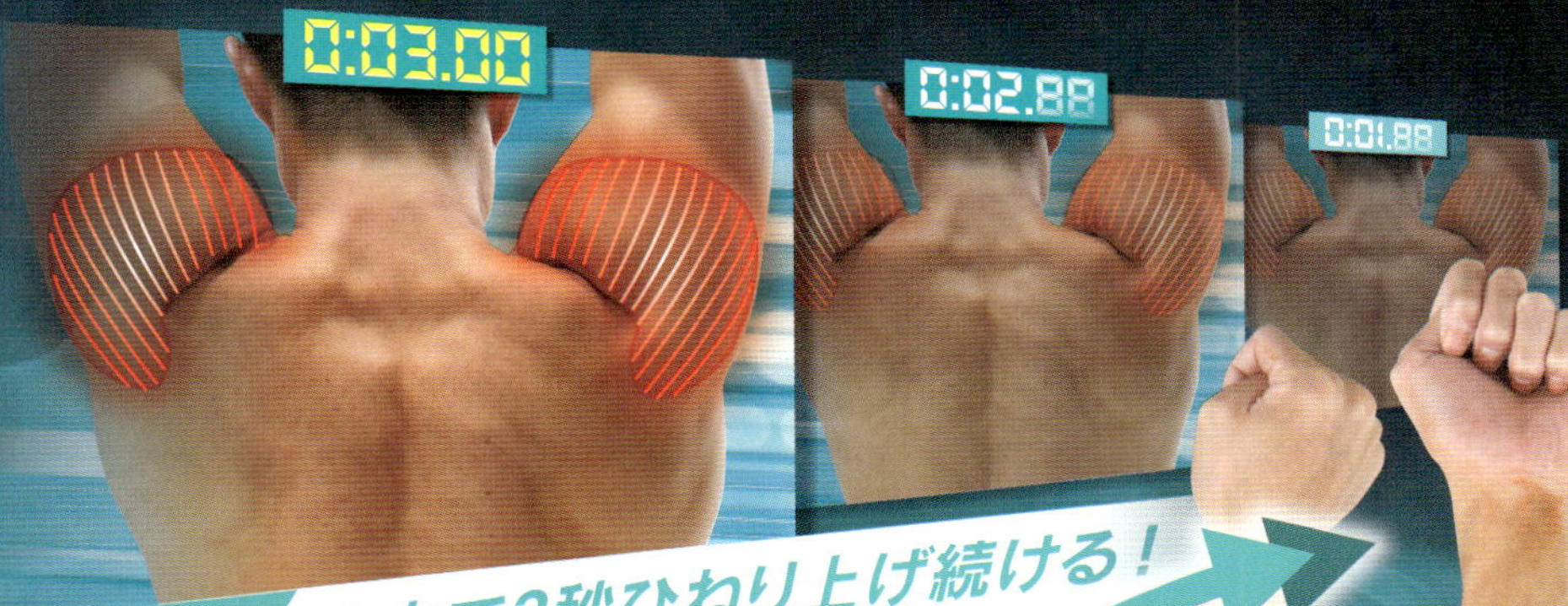

最大収縮 全力で3秒ひねり上げ続ける！

両腕を限界まで引いて、
限界までひねりきる

両腕の位置が前
すぎると、肩の筋肉
がしっかり収縮しない

2 腕をひねり上げる

両手のひらが外側に向くまで、腕のつけ根を全力で外側にひねって腕を頭上に伸ばす。3秒キープ

3 1秒かけて1の姿勢に戻す

2・3を5回くり返す

次の種目へ

② 肩の前面を盛る

肩
shoulder

ものたりなくなったら
ダンベルプレス

三角筋の前部線維を集中的に刺激できる種目。側面から見た肩のフォルムを演出する。胸の筋肉と関係が深いので、胸のプログラムに続けて行ってもいい。肩にかかる負荷が大きいので、痛みを感じたら無理せずEasyに切り替えよう。

ショルダープレス

動きを見たい人は

standby

肩幅よりも広めに床に手をつく。足はそろえてかかとをしっかり上げ、肩に力を込める

1 肩から床に突っ込んでいく

お尻は高く上げたまま、息を吸いながら1秒かけて体を床に近づけていく

Easy

肩が痛む人、肩まわりの柔軟性が低い人はここから。肩幅より広めに壁に両手をついて立ち、できるだけ壁から離れる。息を吸いながらひじを曲げ、吐きながらひじを伸ばす

Hard

肩まわりの柔軟性と筋力が充分そなわっていて、転倒しない自信があれば逆立ちで行うと強度が上がる。肩幅より広めに手をついて逆立ちし、息を吸いながらひじを曲げ、吐きながらひじを伸ばす。頭から落下すると大ケガにつながるため要注意

三角筋前部に効く！

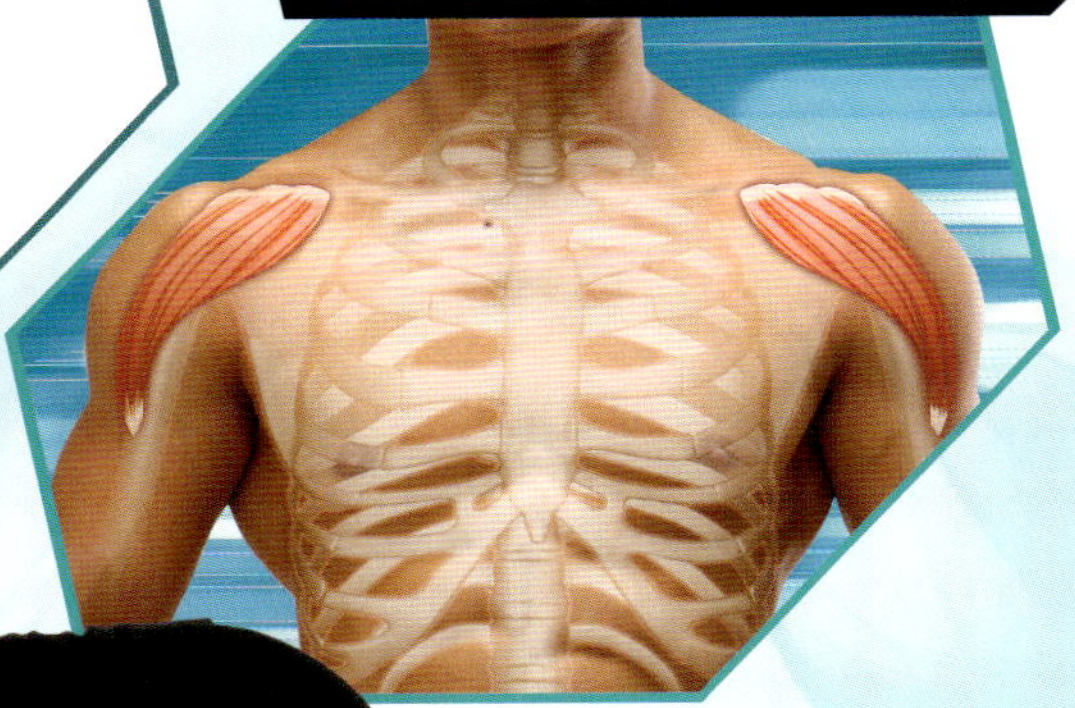

可動域は狭いものの、鎖骨に付着する三角筋前部をピンポイントに刺激できる。肩前面の厚みが増す

2 肩に力を込めて体を持ち上げる

息を吐きながら1秒かけて、肩にギュッと力を込め床を押す動作で体を持ち上げる。1秒キープ

15回 くり返す

次 の 種 目 へ

ものたりなくなったら
ダンベルサイドレイズ

肩
shoulder

肩の側部に張りを出し、上半身のシルエットを決める肩幅をサイズアップする種目。同時に肩と上腕の境目にくびれを刻み、理想形といえる丸みのあるフォルムへと導く。肩の側面を効果的に刺激するコツは、前傾姿勢。直立するよりも腕の重みが肩にかかり続けるからだ。

サイドヘッドスクイーズ

動きを見たい人は

1

お尻を少し引いて前傾姿勢になる

足を腰幅に開いて立ち、お尻を引くことで上体をやや前傾させる。両腕は斜め下に伸ばし軽くこぶしを握る

肩まわりの柔軟性がたりない人は足を腰幅に開き、直立の姿勢で腕を上げる

Front

最大収縮 全力で3秒上げ続ける！

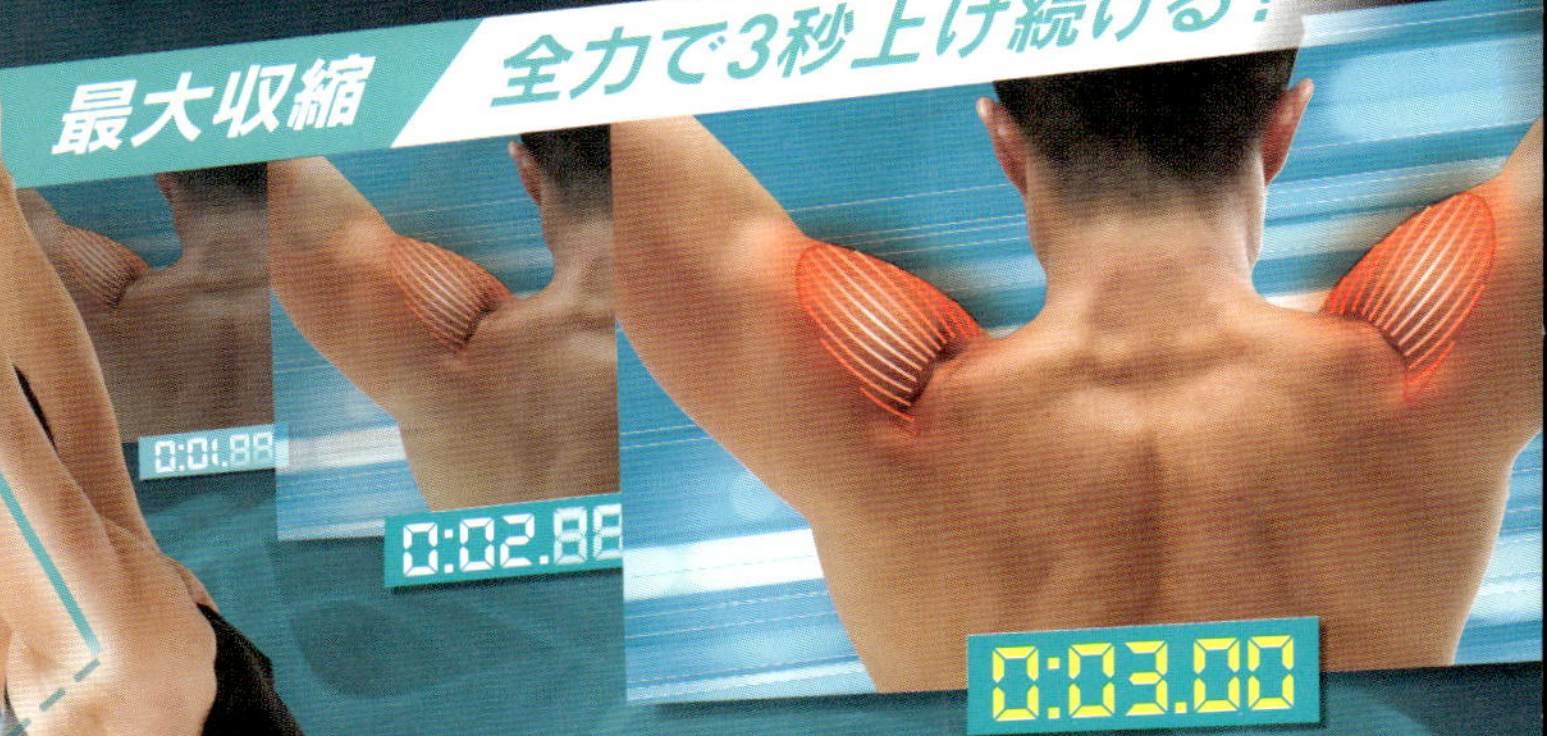

2 息を吐きながら腕を限界まで上げる

息を吐きながら1秒かけて腕を前方から振り上げ、限界まで上げたまま3秒キープ

前から見ると「Y」の字になるよう、振り上げた両腕は斜め上に伸ばす

3 1秒かけて1の姿勢に戻す

2・3を5回くり返す

次の種目へ

ものたりなくなったら

ダンベル
リアレイズ

三角筋後部を強烈に収縮させることで、背中や上腕につながる筋肉の凸凹を演出。日常生活ではあまり動かさない脂肪の乗りやすいエリアなので、よく動かすことで筋肉を発達させつつ脂肪も削ろう。腕を伸ばして行うと、より強い負荷をかけられる。

肩
shoulder

リアヘッド スクイーズ

動きを見たい人は

Hard

肩の延長線上で両腕を左右から上げていく。正面から見て「T」の字になるよう、両腕が床と平行になるまで上げる

1 前傾姿勢になり腕を垂らす

足を腰幅に開いて立ち、上体と床が平行になるイメージで前傾姿勢になる。両腕は自然に下ろし、軽くこぶしを握って甲を正面に向ける

Easy

前傾姿勢が苦しい人はイスに腰かけて行う。太ももに上半身を乗せるとラク

NG

ひじを上げると同時に胸まで張ると背中のトレーニングになってしまう

2 息を吐きつつひじを上げる

息を吐きながら両ひじを体の左右から限界まで上げ、力を込め続ける。3秒キープ。左右の肩の延長線にひじが上がる位置で行う

3 1秒かけて1の姿勢に戻す

2・3を5回くり返す

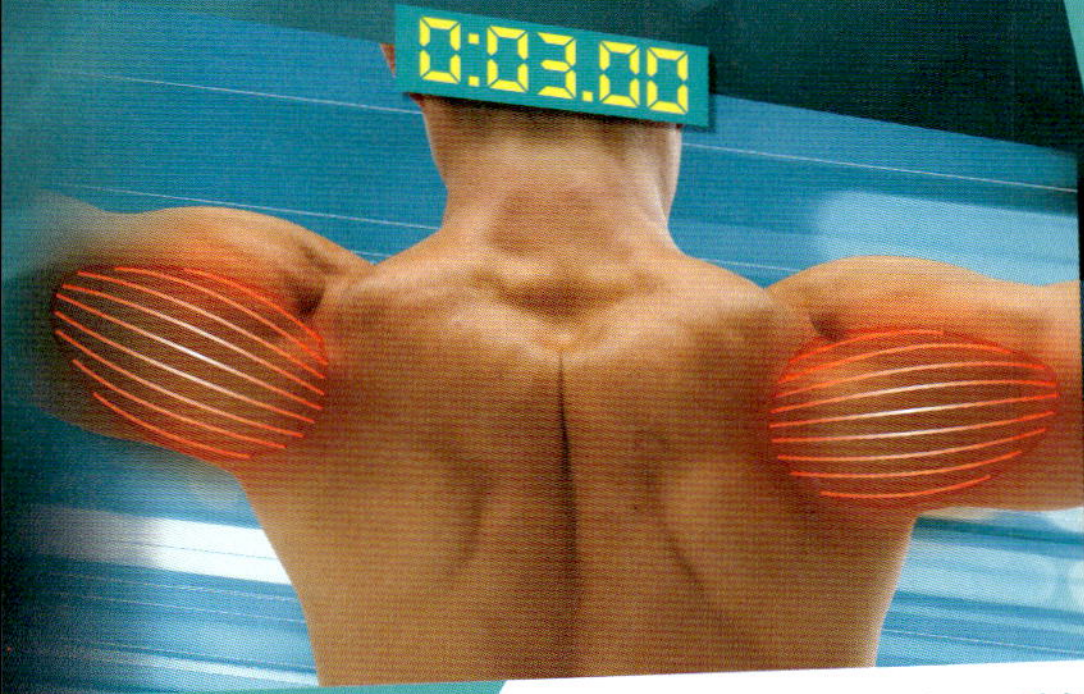

最大収縮 全力で3秒上げ続ける！

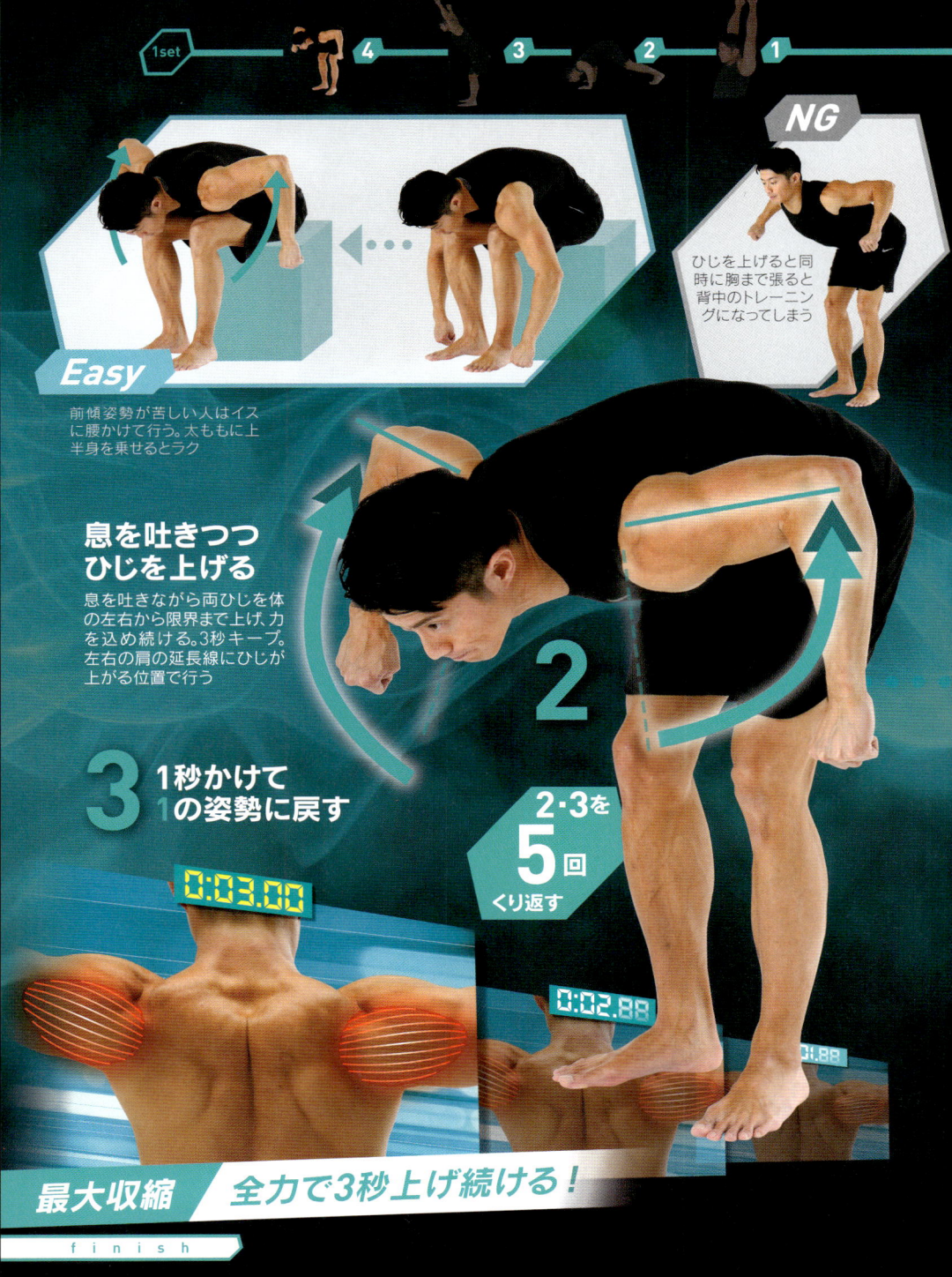

腹
abs

腹が割れるかどうかは
エネルギー収支で決まる

「腹が割れる」のは、歳を重ねるほど価値が増す勲章のようなもの。加齢とともに、脂肪はつきやすく筋肉は落ちやすくなるからです。もちろん見た目だけでなく、アスリートにとってはパフォーマンスの要。四肢に伝達されるパワーの源で、安定した動作を支え、当たり負けしないための軸でもある。彼らの美しい腹は、その強靭さの象徴であり機能美なのです。

腹は、いずれも腹直筋の腱でできる縦線（白線）、横線（腱画）、そして腹直筋と内・外腹斜筋との境目の溝が深いほどシャープに見えます。いまだに「腹筋運動をすれば6パックに」と思っている人もいますが、どれだけ鍛えても脂肪に覆われていたら宝の持ち腐れ。脂肪は筋肉と筋肉の溝を埋めるため、腹を割るなら脂肪の除去が不可欠です。逆に言うと、脂肪さえ削れ

腹は個性そのもの

多くの人は6パックですが、じつは8つに割れる人もいれば4つの人もいます。とくに8パックは日本人ではレア。残念ながら腹筋の幅やパックの数は生まれながらにして決まっているため、パックを増やしたり筋肉の幅を広げたりすることはできません。だからといって「理想の腹になれない」などと諦めるべからず。パックの数が少なくても幅が狭くても、割れれば腹はカッコいい。同様に左右のズレも「個性」と考えてください。自分の腹筋のポテンシャルを最大限、磨き上げることが大切です。

れば誰でも自然と腹は割れます。

そうすると最も重要なのは何か。

食事です。

「腹筋はキッチンでつくられる」とは伝説のボディビルダー、アーノルド・シュワルツェネッガーの言葉。それほどまでに腹筋と食事は切り離せません。食生活の見直しこそが腹を割る近道なのです。しっかり動いてエネルギーを消費し、エネルギー収支をマイナスにしましょう。

おもしろい点は、ボディビルダーも一般人も同じようなかたちの腹になっていくところです。腹の評価は、腕や肩のように太さや大きさでなく正面から見たときの凸凹感なので、差がつきにくい。腹だけなら一般人が勝つことだってあり得ます。

腹直筋はそもそも薄く長いので、厚みを出すのはかなり骨が折れる作業です。でも凸凹感を増すコツ、溝を刻むテクニックはたしかにあります。まずは本書の構成に従い、部位を分けて追い込みましょう。理想の腹をめざしてガンガン追い込むと、最初は「咳をするだけで痛い」状態になるはずです。でも強い痛みはすぐに消えて毎日トレーニングできるようになります。追い込む技術を取り入れた成果が、しっかり腹に刻まれるのです。

腹筋がいちばんつくのは、高重量？ 高回数？

これは本当によく聞かれる質問で、私の場合は後者です。高重量のウエイトを抱えてシットアップをしていた時期もありますが、自重・30回・3セットで力の抜けないフォームに変えてからのほうが腹直筋の仕上がりはいい。股関節や背骨といった数多くの関節が関与するシットアップで高重量を扱うと、フォームに生じた微細なブレのせいで腹直筋以外に刺激が逃げるからでしょう。事実、多くの人が高重量では結果が出ていません。それを踏まえて選びましょう。

腹トレプログラム　1セット4種目（3分30秒）

各プログラムは4種目を続けて行う。次の種目への移行時間は10秒以内

スクイーズ種目は3秒全力を5回、ほかは「1秒上げ、1秒キープ、1秒下ろし」で

15回終えるか、同じ動作ができなくなった時点で終了。呼吸は止めずに行う

2セットまたは3セットくり返す

オールフレクション

腹斜筋を刺激しながら
腹部全体をスクイーズ

クランチ

腹直筋上部を強烈に刺激。
大胸筋との境目と
凹凸感を演出

ニートゥチェスト

腹直筋下部のセクシーな
切れ込みを刻む

シットアップ

腹部全体をパンプアップさせ
6パックを実現

ものたりなくなったら
スローダンベルプレス

腹
abs

腹直筋を上下から縮めることで最大収縮を狙う。頭、肩、ひざをグッと胸に引きつけ、体をコンパクトに丸める。わきを締めることで腹斜筋を、息を吐ききることで腹横筋まで刺激できる。慣れるまでは「小さくなる」ことが難しいので、はじめはひざを抱えてもいい。

1 手を頭の左右にセット

床にあお向けになったら両ひざを立てる。軽くこぶしを握り、頭の左右にセットする

オールフレクション

動きを見たい人は

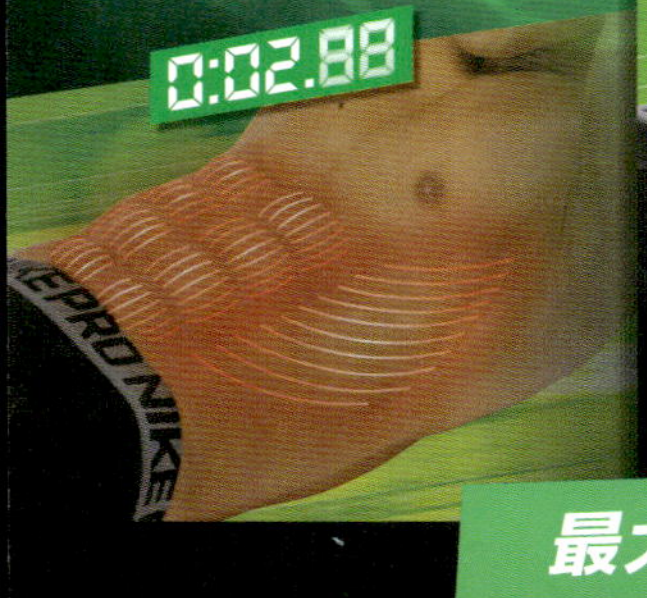

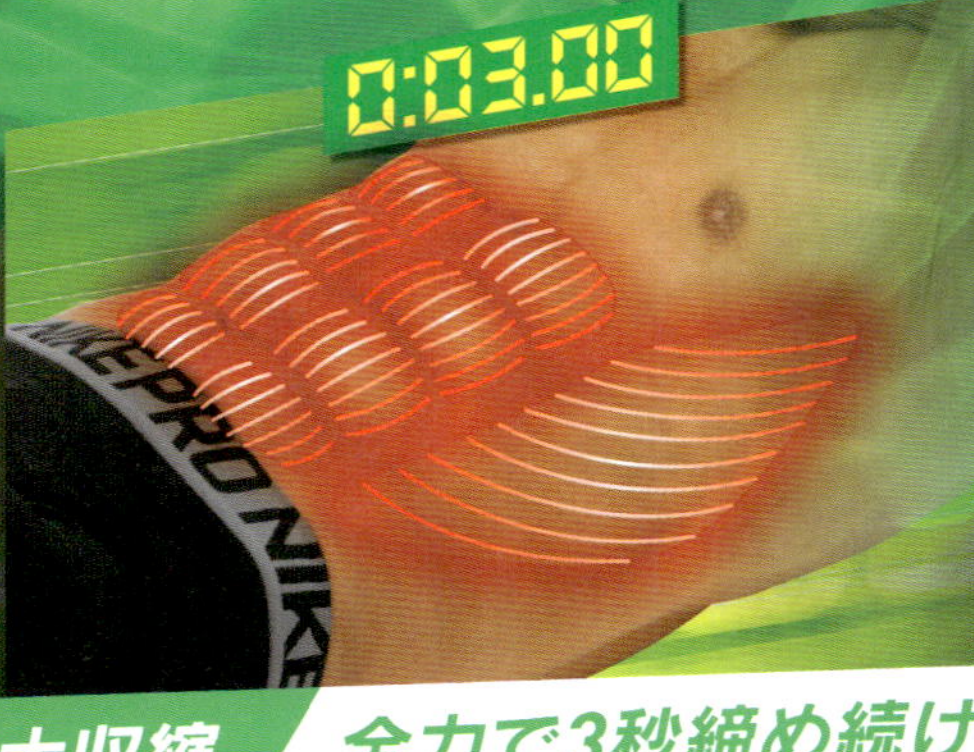

最大収縮 全力で3秒締め続ける！

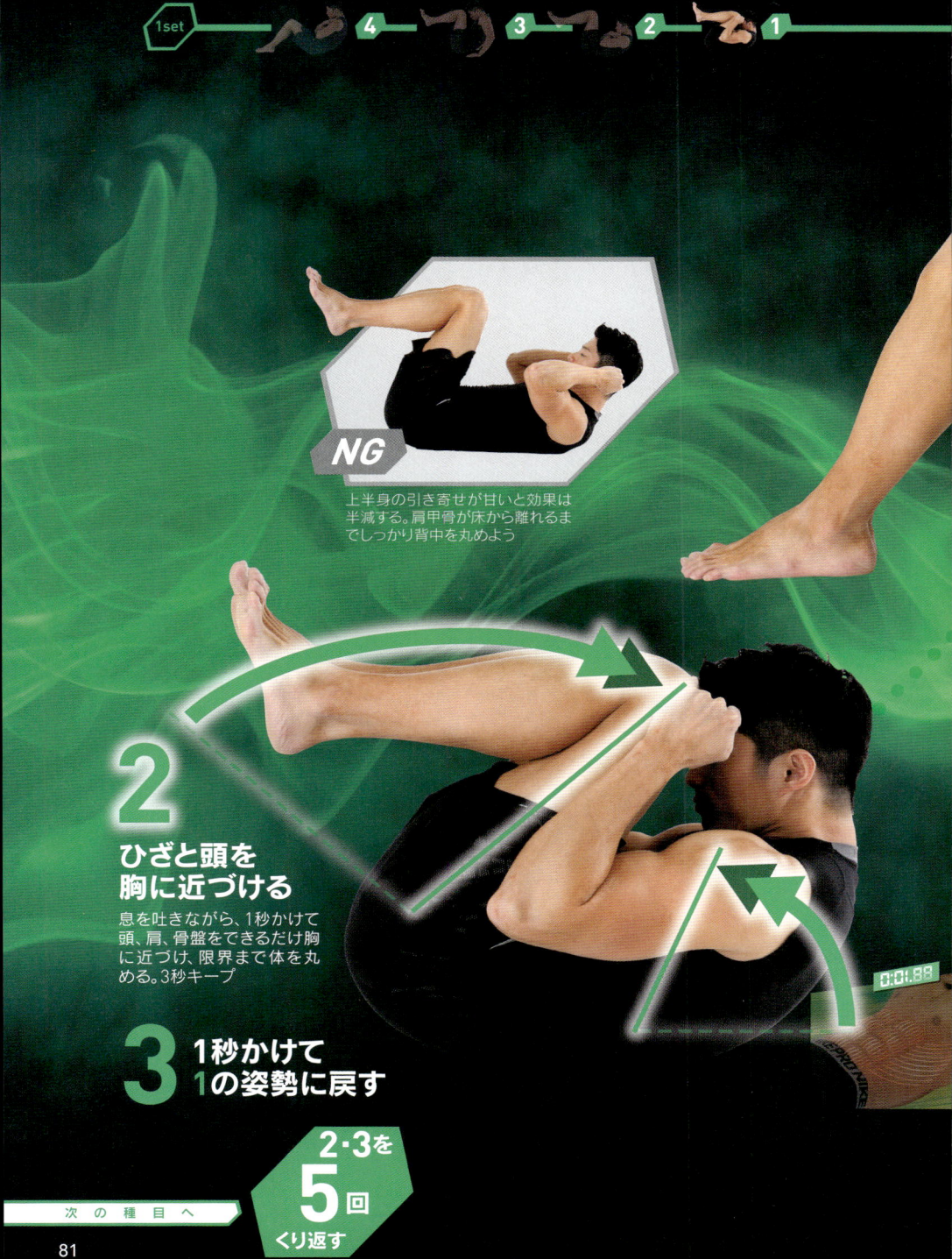

上半身の引き寄せが甘いと効果は半減する。肩甲骨が床から離れるまでしっかり背中を丸めよう

2 ひざと頭を胸に近づける

息を吐きながら、1秒かけて頭、肩、骨盤をできるだけ胸に近づけ、限界まで体を丸める。3秒キープ

3 1秒かけて1の姿勢に戻す

2・3を
5回
くり返す

次の種目へ

ものたりなくなったら

プレート
クランチ

腹直筋上部の2パックは見えてきやすいパーツ。6パックへの第一歩だ。大胸筋との境目を刻むことになるため、大胸筋下部の立ち上がりを強調できるメリットも。ソリッドな胸の魅力に磨きをかける。みぞおちを丸めてグッと縮める感覚で続けよう。

腹
abs

クランチ

動きを見たい人は

1

腕は胸の前でクロス

床にあお向けになって両脚を上げ、すねと床を平行にする。腕は胸の前でクロスさせ、頭を浮かせておくことで腹に力を入れる

頭はつねに床につけない

Variation

Easy

手を太ももの裏側に添えて行うとラク。
これでものたりなければ、両腕を伸ばしたまま行ってみよう

腹直筋上部に効く！

みぞおちをギュッと縮める動作で大胸筋との境目を刻み、胸の盛り上がりから板チョコのような腹に仕上げるためのメリハリをつくる

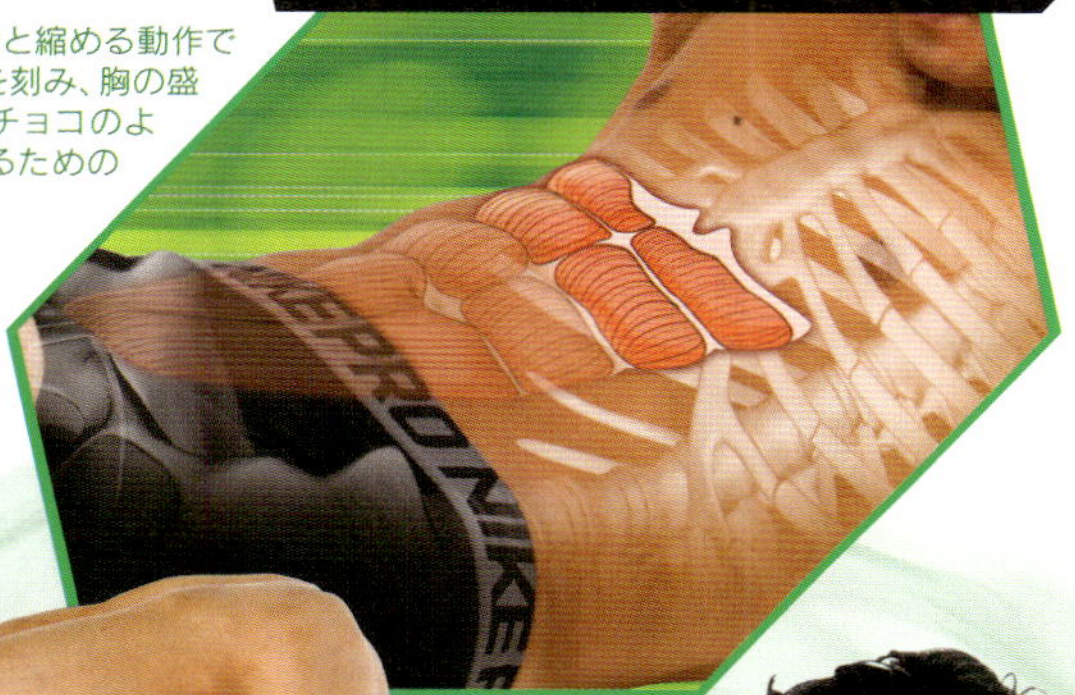

2

息を吐きながら上体を丸める

息を吐きながら、肩甲骨が床から離れるまで1秒かけて上体を丸める。視線はへそに。1秒キープ

3

1秒かけて1の姿勢に戻す

何があっても腹からは力を抜かない

2・3を15回くり返す

Hard

両手を頭の後ろに添えると腕の重みのぶん負荷が増す

次の種目へ

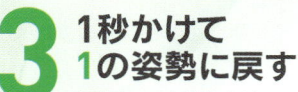

ものたりなくなったら

ドラゴンフラッグ

脂肪の乗りやすい、へそ下を集中的に刺激。ポイントは下半身を引き寄せたときに「これ以上、動かせない」ところから骨盤を引き寄せる動き。このひと押しで最大収縮が実現する。股関節の柔軟性が重要なので、事前にストレッチ（P44参照）を。

腹
abs

ニートゥチェスト

骨盤から動いていないと、
下半身の引き寄せが甘くなる

動きを見たい人は

1 手を後ろにつき脚を浮かせる

床に座り、両足はそろえて前方へ伸ばし床から浮かせる。両手は指先を前に向けて、体の後ろで床につく。手はバランスをとる程度で力強く支えてはいけない。ひじを曲げて上体を少し後ろに倒し、あごを引く

2 骨盤を引き寄せる

息を吐きながら、1秒かけて両ひざを曲げる。骨盤を巻き込むように、限界までしっかり引き寄せること。1秒キープ

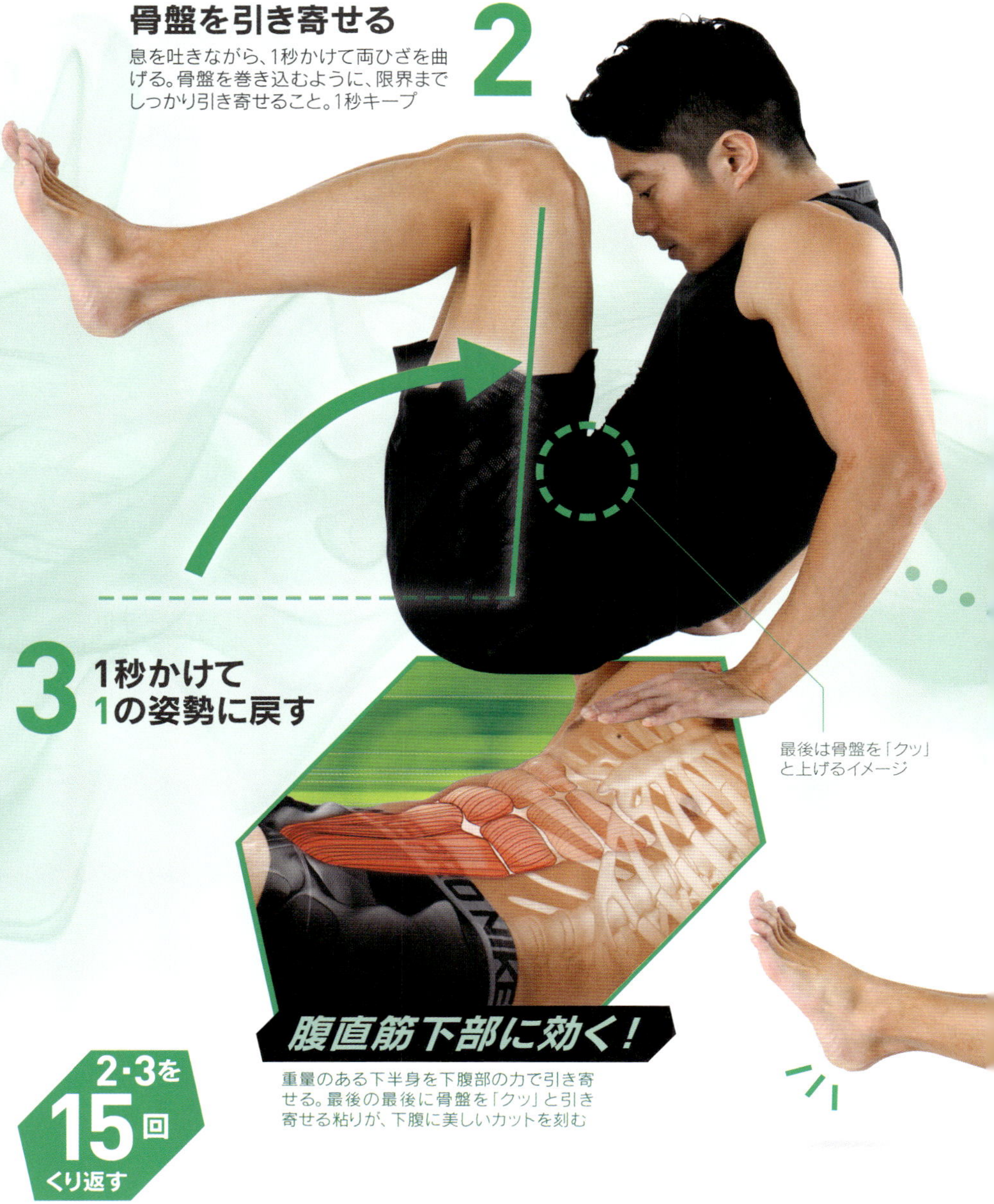

3 1秒かけて1の姿勢に戻す

最後は骨盤を「クッ」と上げるイメージ

腹直筋下部に効く!

重量のある下半身を下腹部の力で引き寄せる。最後の最後に骨盤を「クッ」と引き寄せる粘りが、下腹に美しいカットを刻む

2・3を15回くり返す

次の種目へ

腹
abs

ものたりなくなったら
プレートシットアップ

腹直筋全体をしっかり刺激しきるために2段階で上体を起こす。腰が痛くてこれまでシットアップができなかった人も、この頭を先に動かすやり方なら痛みのリスクを軽減できる。完全に起き上がると負荷が抜けてしまうので注意しよう。

シットアップ

動きを見たい人は

standby

あお向けになり、ひざを立てる。胸の前で腕をクロスさせ、頭と両肩は床につかないよう軽く上げることで腹に力を込める

1 上体をゆっくり丸める

息を吐きながら、頭のほうから背骨を一つひとつ起こすように、みぞおちを中心に限界まで上体を丸める

Point

上体を起こした後

上体を起こす前

胸の前でクロスさせた腕を下げつつ肩甲骨を左右に開くことで、より強く腹直筋を収縮させられる

ものたりない人は両手を頭の後ろに添えると、腕の重みのぶん負荷が増す

手を太ももの裏に添える、あるいは両腕を前に伸ばして行うとラク

腹直筋全体に効く！

クランチ同様、みぞおちを中心に体を丸めながら上体を上げていく。背骨一つひとつを起こすようにし、縦に長い腹直筋全体を刺激する

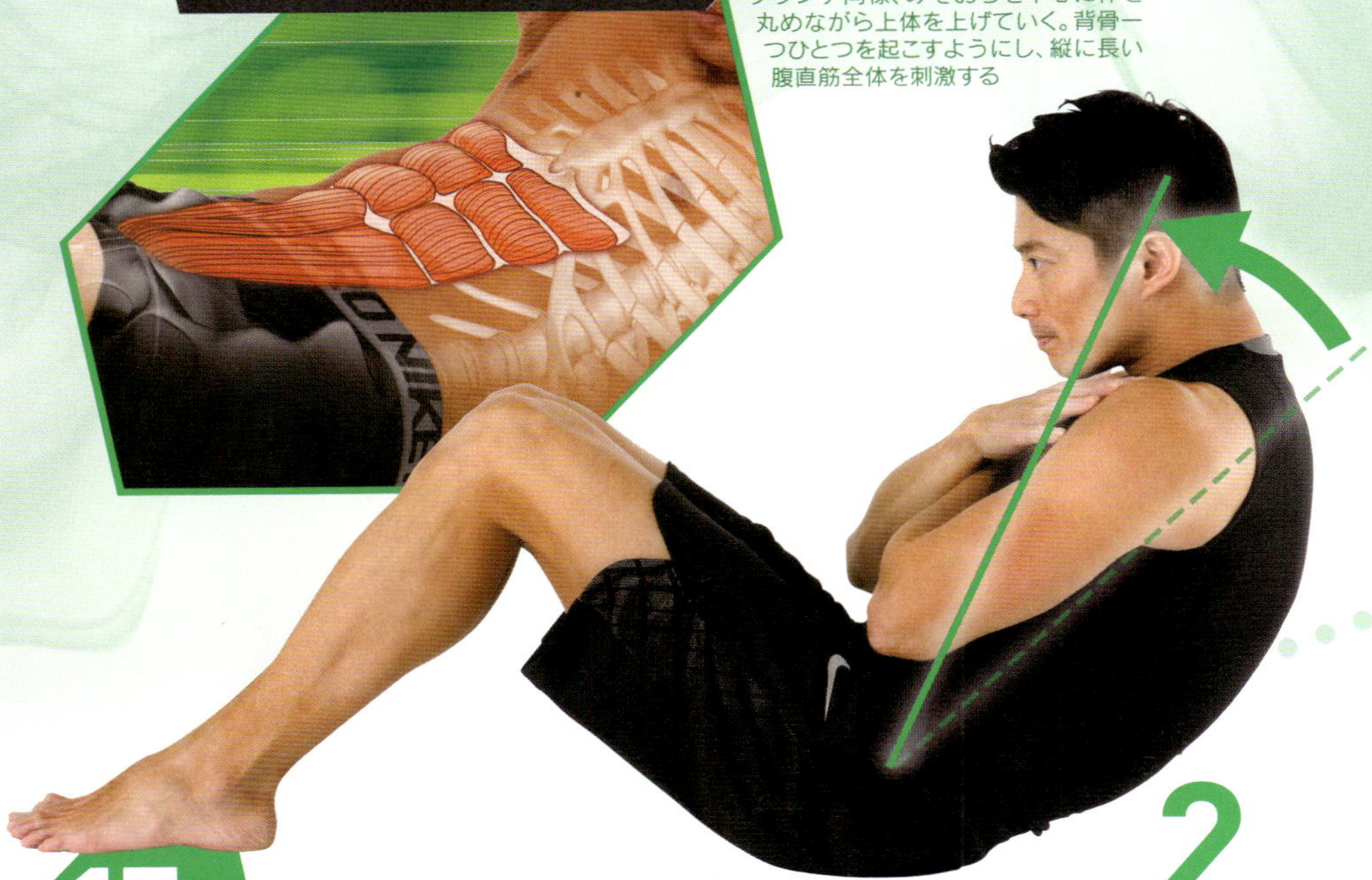

2 丸めた上体を腹直筋で上げる

さらに息を吐き続けながら上体を丸め、腰まで床から離す。上体は起こしきらずに1秒キープ

3 1秒かけてstandbyの姿勢に戻す

15回くり返す

finish

ウエストを絞り上げる技術

体幹ツイスト

腹直筋のラインが見えるようになっても、腹の両サイドに締まりがなければ残念ながら印象は「ずん胴」の域を出ません。

ろっ骨に囲まれている胸郭と違い、腹まわりにある骨は背中側の背骨だけなので、腹は前と横に出やすい構造にあると言えます。しかも腕や脚と違って動かす機会は少ない。背中や二の腕、尻などと同様に、大きく動かすことのない腹は脂肪がつきやすい傾向にあります。そうして出た腹を凹まそうと腹直筋を集中的に鍛えると、たしかに正面を押さえる壁ができますが、左右にははみ出す。だ

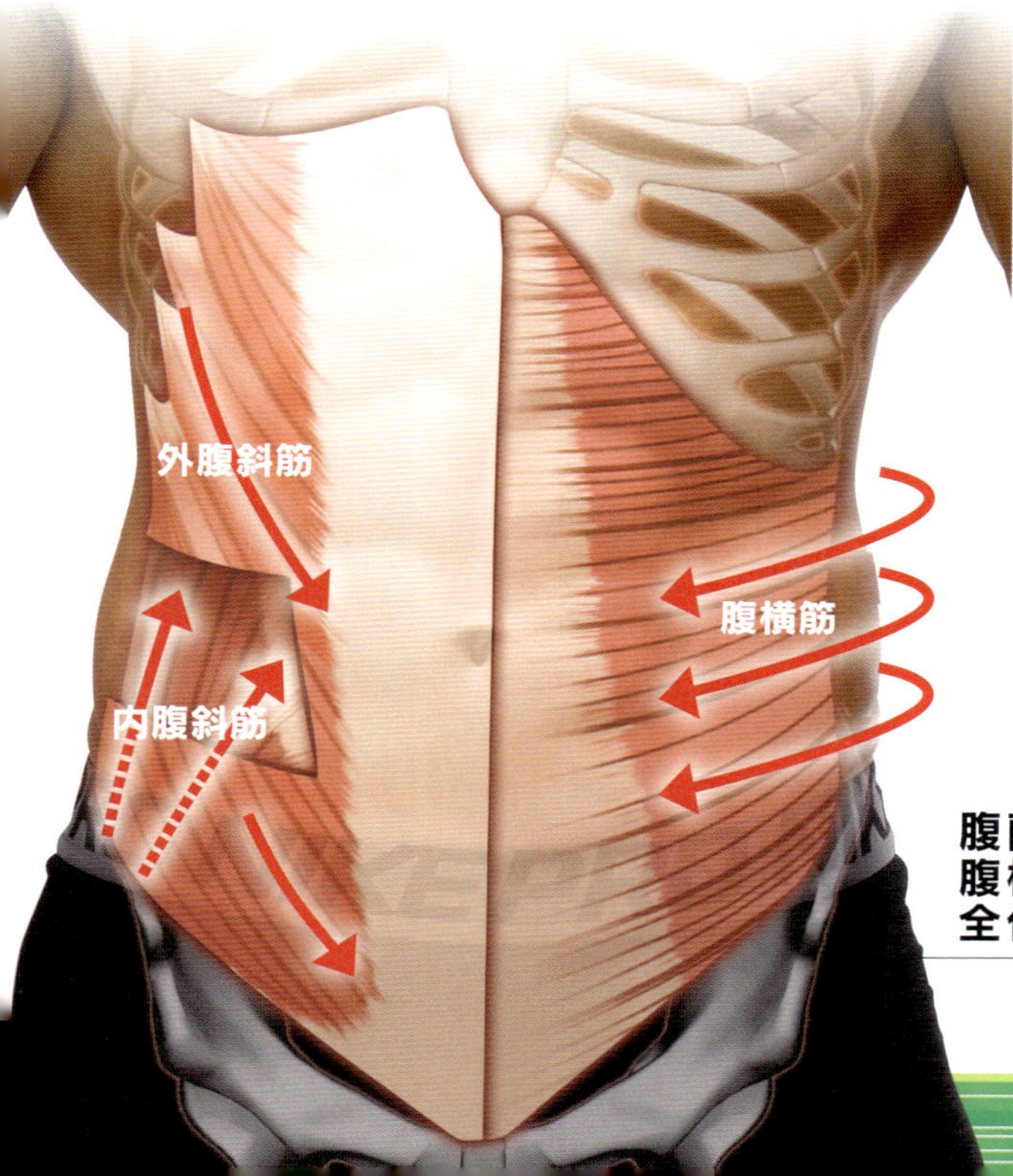

腹直筋は正面のみ。腹横筋と腹斜筋で全体を絞る

からずん胴に見えてしまうのです。

では、どうするか。

腹直筋以外の腹まわりにある筋肉で、全体を絞り上げましょう。

それをいちばんラクに実現できるエクササイズが「体幹ツイスト」です。体幹をひねる動きをくり返すことで、普段あまり使うことがなく「眠っている」内・外腹斜筋、腹をグルッと囲む腹横筋が激しく伸び縮みさせられて目覚めます。これを行うだけで臓器の位置も正されていくので、ウエストが引き締まるのです。

毎日数分を数週間続ければ、内・外腹斜筋、腹横筋が常時はたらくようになって腹は絞り上げられます。しかも有酸素運動の効果で脂肪も燃えるため、ウエストは細くなっていく。長時間しっかりひねる動作を継続できれば、わきの下からわき腹を覆う脂肪のベールもはがれていくでしょう。さらに腹を凹ませる技術も取り入れると、腹横筋が強く刺激さ

ひねる動作で腹斜筋や腹横筋を強くし ウエストを絞り上げる

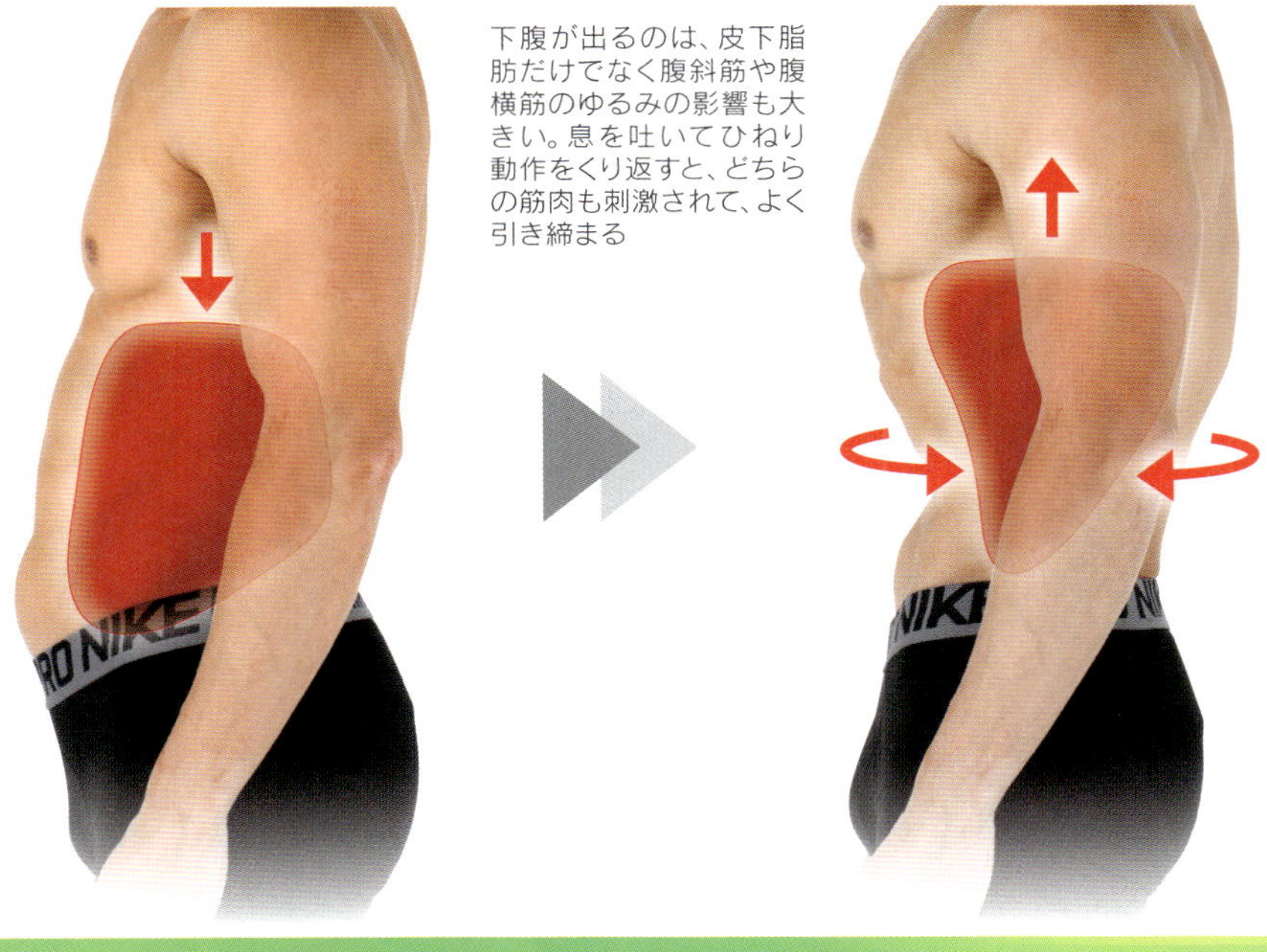

下腹が出るのは、皮下脂肪だけでなく腹斜筋や腹横筋のゆるみの影響も大きい。息を吐いてひねり動作をくり返すと、どちらの筋肉も刺激されて、よく引き締まる

れて、絞り上げ効果の次元が上がります。

体幹ツイストは、少しの時間とスペースさえあれば、いつでもできるのも魅力です。仕事の休憩時間はもちろんテレビを観ながらでもいいですし、腹部のプログラムの合間に組み込めば時間効率も上がります。

腹斜筋の上部だけ盛って逆三角形を強調

魅せる腹をめざすなら、こんな方法も。クランチで、上体をわずかに左右にひねると、わき腹に斜めに走る筋肉、とくに外腹斜筋の上部と前鋸筋が目覚めます。そうするとわき腹上部に影が入るため、大胸筋も際立つし腹全体の印象をよりシャープに見せられるようになるのです。

本書に紹介した4種目は、腹直筋をメインターゲットにしたものばかりです。腹の筋肉をすべて鍛え上げるなら、ひねり動作を加えたクランチも必要では、と思われる方もいるかもしれません。ツイス

体脂肪のベールをはがす体幹ツイスト

standby

動きを見たい人は

1 足を腰幅に開いて立ち、腕は肩の高さで左右に伸ばす。両ひざはロックせず軽くゆるめておく

2 上体を左右交互にひねる。タオルを絞るイメージで反動を使い、ギュッ、ギュッとウエストを絞りきる。その瞬間、息を吐こう。左右交互にリズミカルに50回以上行う

体幹ツイスト

ト種目を入れなかった理由は、ひねり動作をしっかりやると腹斜筋全体が刺激されウエストが太くなってしまうからです。サッカーやテニス、格闘技など強烈なひねり動作をくり返すアスリートは腹斜筋の下部まで発達し、ずん胴に見えやすくなります。それを避けつつ、わき腹に線を刻むのが左の「ややひねるクランチ」です。

動きを見たい人は

起き上がりきらず ややひねるクランチ

クランチの際に、体をやや傾ける程度にすれば腹斜筋上部だけ刺激できる。ひねる加減がわからなければ、触って確認するのが確実だ

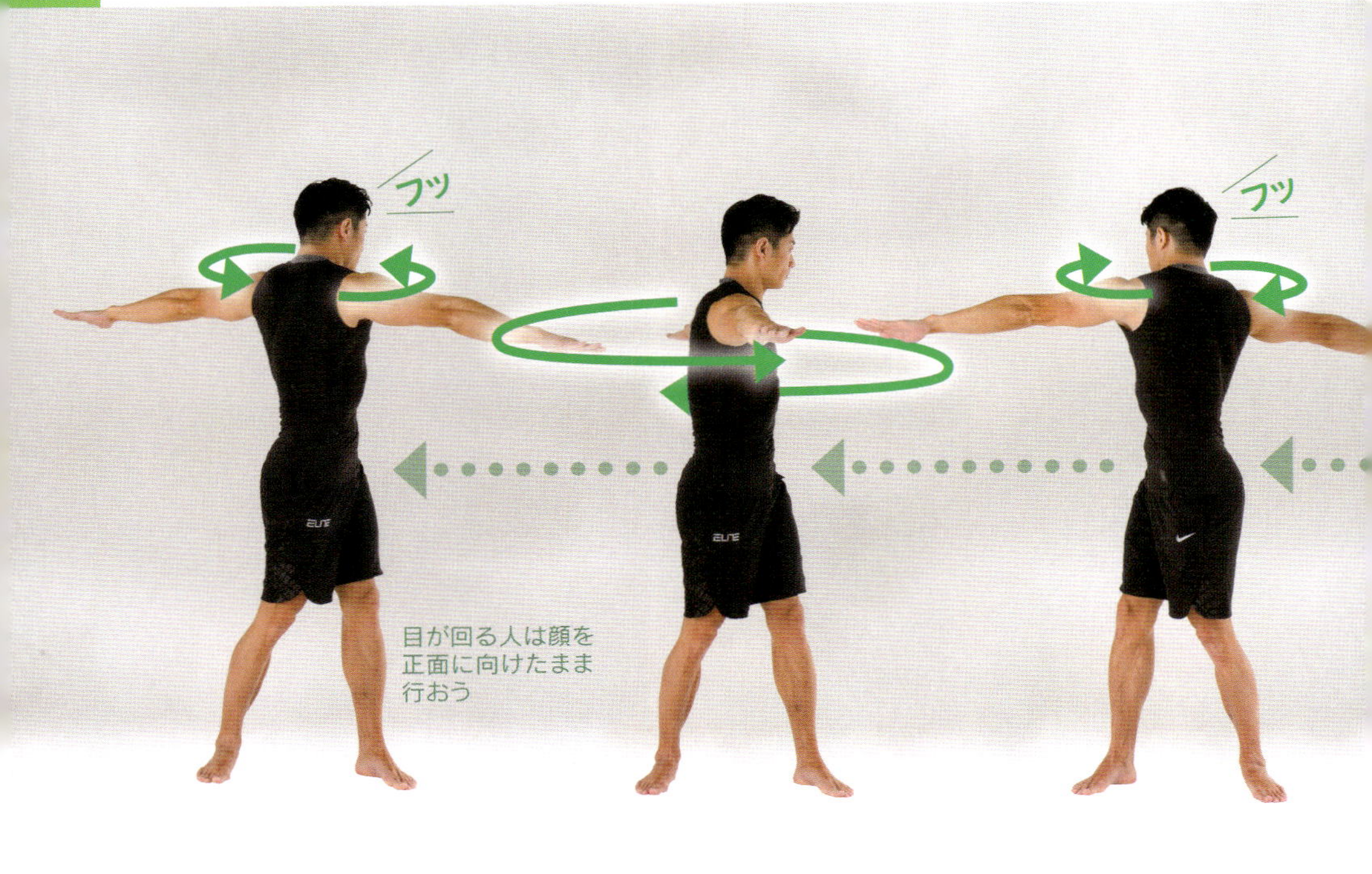
フッ
フッ
目が回る人は顔を正面に向けたまま行おう

二大筋肉を脂肪の山から削り出し

背中

back

引き締まった
Vラインを実現

どんな言葉より雄弁に鍛錬のレベルを語るのが、背中です。その凹凸、面積や厚みは、あらゆる動きに対応できる能力やパワーを示しますが、完璧に鍛え上げるのは難しい。

その第一の理由は、体の裏側にあることです。腕や腹のように筋肉の動きを目で追えないため、ターゲットに意識が向きにくい。そして正確な動きを目視できないことも拍車をかけます。第二の理由は、可動域の狭さです。前にかがむより背中を反らせるほうが大きく動かすことが難しいのは、体の背面のほうが1動作で稼げる運動量が少ないことを意味します。これは筋肉への刺激が小さくなりやすいということです。柔軟性に乏しい人は、さらにこの傾向が顕著です。第三の理由は、運動方向の複雑さが関係しています。背中には、腕や肩甲骨の動きを組み合わせることで初めて動く筋肉もあるため、それらすべてを鍛え上げようとすると動作のパターンが膨大に。専用のマシンを駆使して繊細に動作しないと鍛え分けは困難です。しかも筋肉自体は大小さまざまですし、動作によって力にも大きな差が生じます。

これは、まさに難攻不落。技術と知識なしには太刀打ちできません。ものすごく発達する人もいれば成果が出にくい人がいるのも当然です。

最速で背中を変えたければ、まず脂肪というベールをはがしましょう。意識の向きにくい背中は、神経系や血管といった体のインフラも甘くなりがちです。神経系の発達が悪ければ筋肉を動かす指令は届かず、血管網の発達が悪ければ筋肥大に必要な栄養が届きません。つまり脂肪を取り去れる状態ではない。知らぬ間に背面に分厚い脂肪を背負う人が多い理由は、ここにあります。背中のすみずみまで動かせれば脂肪は落ちて凹凸ができ、その過程で、背中の各部位を動かす技術も身につく。ここまでくれば、効率よく背中の厚みを増しつつ広くし凹凸をつける準備は万端です。背中は、トレーニング歴の浅い人には手つかずの部位。それだけに、少しの努力で成果が出ます。

本書では、ざっくりと上背部（僧帽筋）、下背部（脊柱起立筋）、両サイド（広背筋）に分けました。背中で、まず目が行くのは上背部です。ここは僧帽筋に加えて三角筋や棘下筋も大切なので、肩（Ｐ64参照）もあわせて鍛えましょう。上背部を覆う脂肪を削り、筋肉の凸凹を出すだけでも背中の表情は一変します。次に広背筋を攻め、腰から斜め上に筋肉を立ち上げて逆三角形をつくりましょう。さらに背中の中央、一列の山脈のような脊柱起立筋の標高を高くして厚みをつければ、力強さが増します。

表裏のバランスをとれ

表裏の関係にある腹と背中の筋力は、バランスが重要です。肩や腕が発達しやすい人は、胸や背中が発達しにくいという場合もあります。逆もまたしかりです。バランスを崩せば猫背のように姿勢が悪くなり、腰痛の原因にも。姿勢を支える屋台骨でもある脊柱起立筋の深層部には、背骨を安定させたり鞭のようにしなやかに動かしたりする筋肉があり、ここが腰痛に関係すると考えられています。日々、背骨をしならせるように動かすコンディショニングをしないと、その筋肉が凝り固まって、血流が悪くなったり弱くなったりする。そんな状態では背骨の動きを制御できず、痛みを引き起こします。だからバランスよく、鍛え漏れのないようにすることが大切なのです。

背中トレプログラム　1セット4種目（2分30秒）

各プログラムは4種目を続けて行う。次の種目への移行時間は10秒以内

スクイーズ種目は3秒全力で5回、ほかは「1秒上げ、1秒キープ、1秒下ろし」で

15回終えるか、同じ動作ができなくなった時点で終了。呼吸は止めずに行う

2セットまたは3セットくり返す

シーテッドエクステンション

脂肪を落とすための
インフラを整えつつ、
肩と背中をセパレート

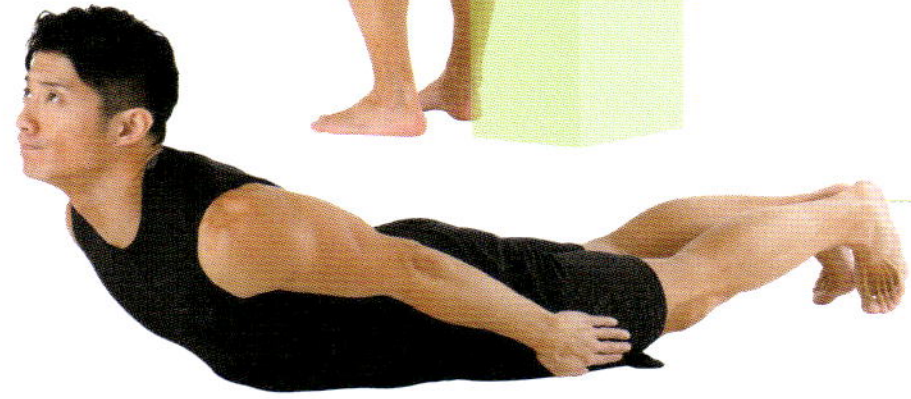

バックエクステンション

反る動作で脊柱起立筋がつくる
背中中央の山脈を形成し
厚みをアップ

アッパーバックスクイーズ

三角筋×棘下筋×僧帽筋を
刺激して上背部に凹凸を刻む

ラットスクイーズ

肩甲骨と骨盤を同時に使い、
体の両サイドにある広背筋を
強烈に絞り上げて逆三角の体形に

ものたりなくなったら
スロー
ダンベル
プレス

背中の中央に筋肉をギュッと集めるように動くことで、背中と肩の筋肉全体を刺激。背骨と肩甲骨まわりの筋肉を使いこなすことで、筋肉の質を高めつつ脂肪を削り、背中の個々の筋肉を大きくする。全力の収縮を続けるうちに各部位がセパレートされ、背中全体の印象がよくなる。

背
back

シーテッド エクステンション

動きを見たい人は

1 前かがみになる

イスに腰かけ、腕は自然に下ろす。手のひらを外側に向けることで肩甲骨を左右に広げ、背中を丸める

腕を内にひねることで、さらに背中をストレッチさせられる

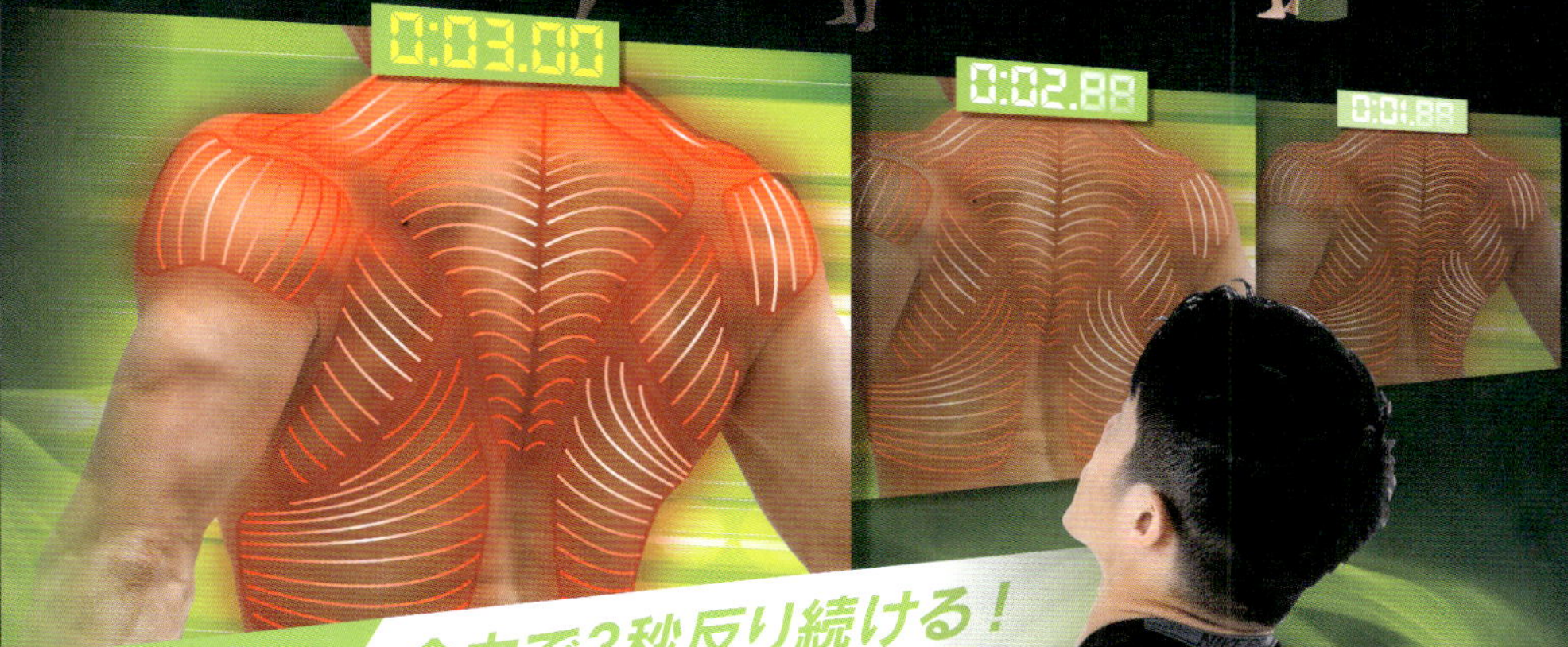

最大収縮　全力で3秒反り続ける！

2 腕を外にひねりつつ胸を張り背中を反らせる

息を吐きつつ1秒かけて上体を起こし、手のひらが360度回って再び外側に向くように両腕を外側にひねる。同時に胸を張りつつ肩甲骨を全力で強く寄せ、3秒キープ

上体の動きに合わせて顔も上げ、視線を斜め上へ向ける

2・3を5回くり返す

3 1秒かけて1の姿勢に戻す

次の種目へ

ものたりなくなったら
スローダンベルプレス

背
back

姿勢が悪いまま鍛えても筋肉はつきにくいし、かたちもいびつになりがち。背中を縦に走る筋肉を意識して姿勢を正し、筋肉を盛りつける土台を整えることは必須だ。もし腰に痛みを感じたら腰ばかり反らせすぎなので、上背部を反らせられるようプレストレッチ（P44参照）をしよう。

バックエクステンション

1 床にうつ伏せになる

うつ伏せになり腕を体に沿って伸ばし、手のひらを内側に向ける。両脚はそろえてまっすぐ後ろに伸ばす

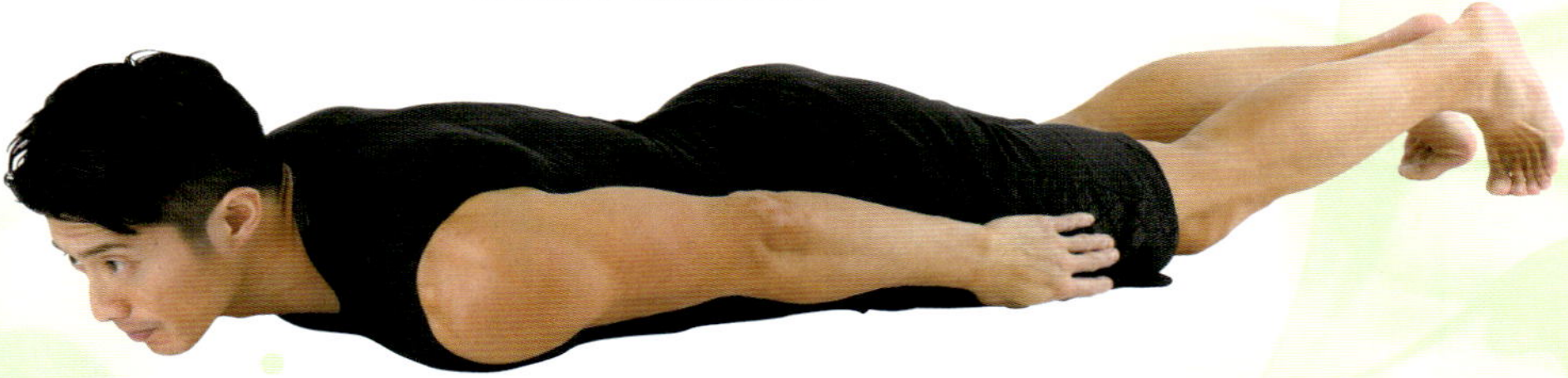

動きを見たい人は

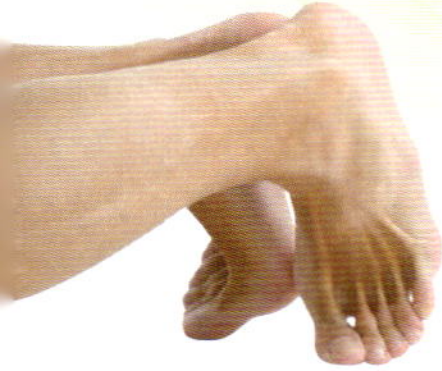

2 上背部をできるだけ反らせる

息を吐きながら、1秒かけて限界まで背中を反らせる。腰よりも上背部の動きを意識しよう。背中の動きに合わせて顔も上げ、視線は斜め上に向けて1秒キープ

Easy

あお向けになり、ひざを立てる。手のひらを床につけ、息を吐きながら1秒かけて限界までお尻を高く上げる。力を込めたまま1秒キープ後、1秒かけて元の姿勢に戻る

脊柱起立筋に効く！

上体をしっかり反らせることで、体幹が強化され、体の土台が安定する。背中のセンターラインを走る2本の山脈をつくり、その厚みによって力強さを演出する

2・3を
15回
くり返す

3 1秒かけて 1の姿勢に戻す

次の種目へ

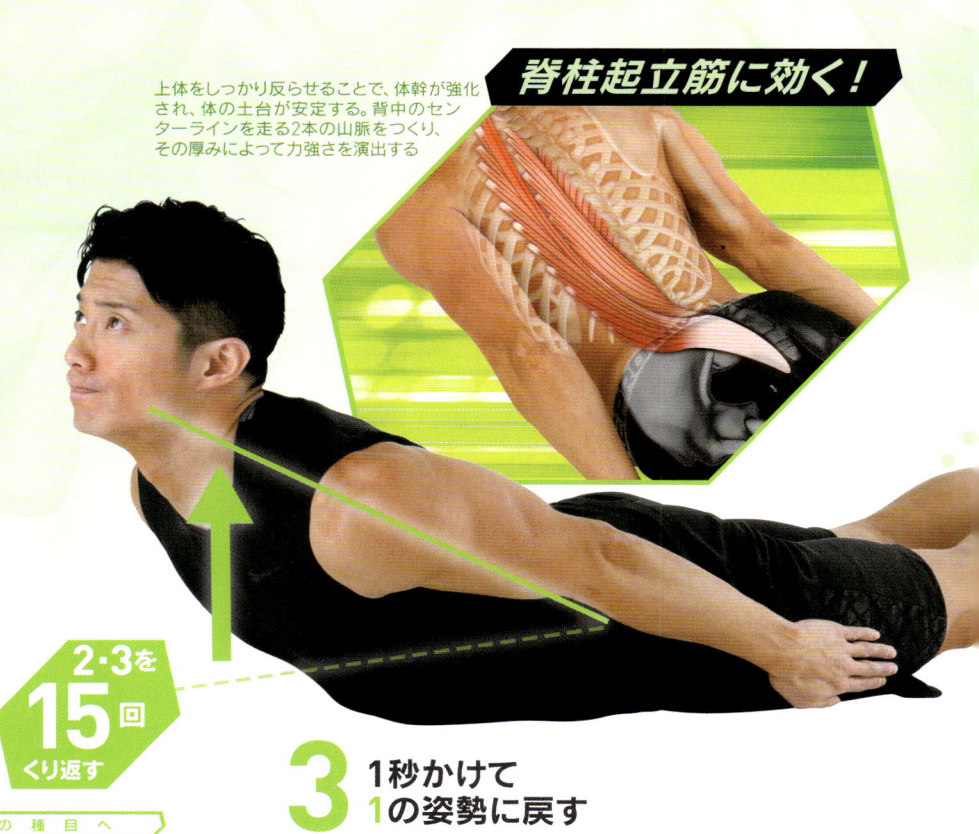

ものたりなくなったら

ベント
オーバー
ロウイング

上背部では、いかに凹凸を刻むかが魅力を増す鍵を握る。背中を反らせて肩甲骨を寄せ、二の腕をひねりながら後ろに引くこのエクササイズは、上背部のほとんどの筋肉を一気に刺激できる。メリハリをつけるにはうってつけだ。

背 back

アッパーバック スクイーズ

動きを見たい人は

1 上体を深く前に倒す

背すじを伸ばしたまま上体を前に倒し、ひざを少し曲げる。肩の真下でひじを直角に曲げ、手は軽くこぶしを握る

Basic

上腕は肩の延長線上に。僧帽筋の中部を刺激

Variation

ひじの位置を肩よりもやや後ろにセットすると、僧帽筋の下部も刺激できる

2 腕を左右に開き肩甲骨を寄せる

こぶしを強く握り、腕全体に最大限の力を込める。息を吐きつつ二の腕をひねりながら引いていき、肩甲骨を限界まで寄せる。上体が反る動きに合わせて顔も上げ、視線は斜め上に。3秒キープ

耳よりも後ろにひじがくるまで二の腕をひねって引く

二の腕のひねりと引きが甘いと刺激が背中に届かない

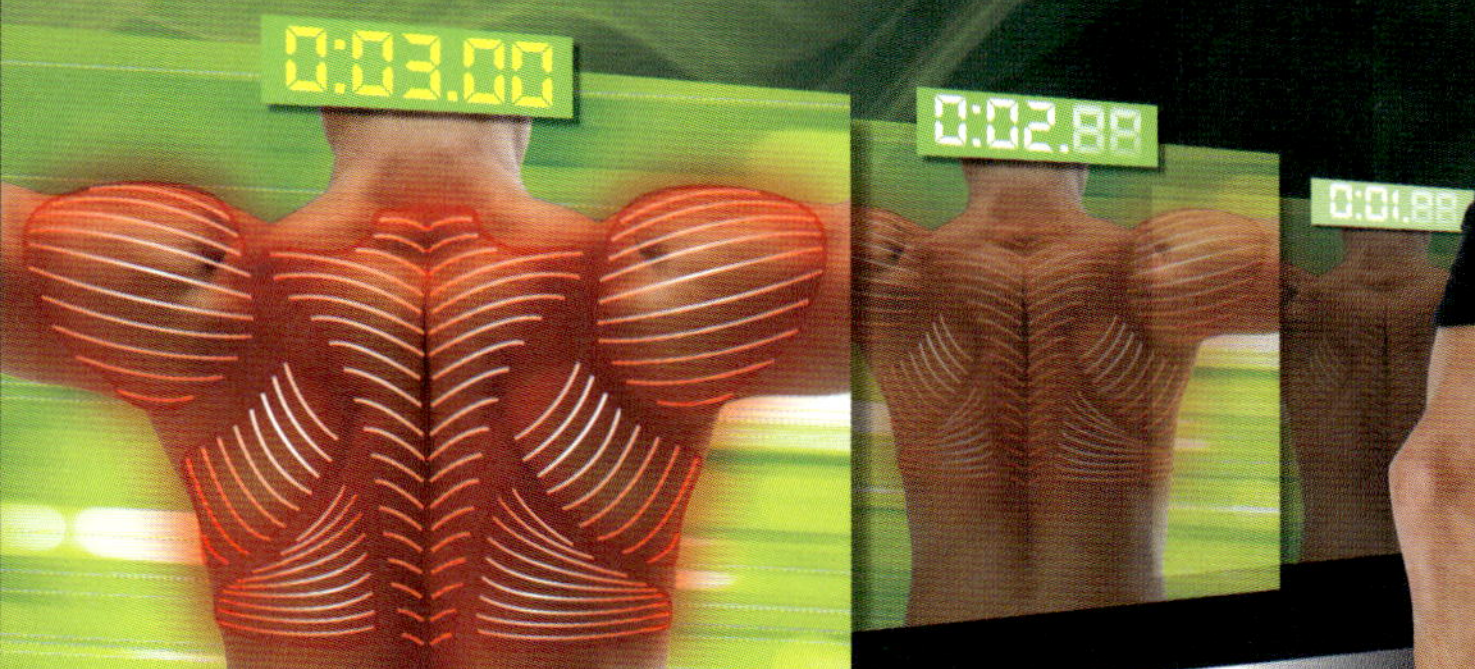

最大収縮 全力で3秒反り続ける！

2・3を
5回
くり返す

3 1秒かけて1の姿勢に戻す

次の種目へ

ものたりなくなったら
ワンハンドロウイング

背
back

後ろ姿のVラインを力強く演出する広背筋は、鍛えきるのが難しい部位の一つ。狙った筋肉を刺激しやすいマシンを使っても、ほかの筋肉に刺激が行くことがあるほどだ。そのため少々、複雑な動きになる。最初は感覚をつかみにくいかもしれないが、ていねいに動作しよう。

ラットスクイーズ

動きを見たい人は

1
ひじを曲げ同じ側の脚を引く

一方の手で柱などをつかむ。もう一方の腕は肩の高さに上げ、ひじを直角に曲げる。こぶしを握り、同じ側の脚は後ろに引き、つま先を床につける

Front

柱や壁などの横に立ち、姿勢を安定させる

最大収縮 全力で3秒反り続ける！

2 肩とひじを斜め後ろに引き脚を上げる

肩甲骨を斜め後ろに引いて、同時に同じ側のお尻を上げる。息を吐きながら全力でわき腹をつぶす。3秒キープ

2·3を5回くり返す
左右行う

3 1秒かけて1の姿勢に戻す

自分の体重だけで背中に筋肉を盛る

最強アイテム、鉄棒を活用せよ

難攻不落の背中だけに、本書の部位別プログラムではものたりなくなるかもしれません。そんなときにおすすめなのが鉄棒を使った種目、チンニング（懸垂）です。うまくやれば背中の特定の筋肉に全体重をかけられるため、かなりの高負荷に。その刺激は、ていねいにやればかならず背中が変わると言っていいほど強烈です。自重では鍛え上げるのが難しい背中も、充分な負荷でバランスよく鍛えられます。どの種目も、完全にひじを伸ばしきらずに続けるのがポイント。週1回でも背中は成長します。

最初は背中の動きを感じながら、脚のサポートを使って体を引き上げる動作でコツをつかみましょう。慣れたら、腕ではなく肩甲骨を寄せ背中を反らせる動きで体を上げるよう意識すると、うまくいくはずです。背中の筋肉を使う技術が向上すれば、マシンを使ったトレーニングも確実に上達します。成果も目覚ましくあらわれるでしょう。

初心者におすすめ

子ども用の鉄棒でできる

チンアップ・イージー（斜め逆手懸垂）

肩甲骨を下げて背中で体を引き上げる。
背中に厚みがつき、
広背筋の外側や下部にも効いてVシェイプに

1

手を肩幅に開き、下から逆手で鉄棒を握る。腕が伸びた状態でバーの真下に肩がくるように位置を調整。かかとから頭を一直線に保つ

2

腹を鉄棒に近づけるイメージで、ひじを後ろに引くように体を引き上げる。ゆっくり1の姿勢に戻す

プルアップ・イージー（斜め懸垂）

肩甲骨を寄せて背中で体を引き上げる。
上背部に凹凸をつけ、
広背筋の上部にも効く

1

手を肩幅より広く開き、上から鉄棒を握る（二の腕が水平なとき、ひじが90度になるのが目安）。腕が伸びた状態でバーの真下に肩がくるようにし、かかとから頭を一直線に保つ

2

胸を鉄棒に近づけるように、わきを開いたまま胸を張り、ひじを曲げて体を引き上げる。ゆっくり1の姿勢に戻す

胸よりも高い位置にある鉄棒を使う

上背部のさまざまな筋肉を盛る

プルアップ（ワイドグリップ）

親指を使わずに鉄棒を握ることで小指に力が入る。こうすると広背筋に効かせやすい

1 手を肩幅より広げ、上から鉄棒を握る（二の腕が水平なときに、ひじが90度になるのが目安）。ひざを曲げて姿勢を安定させる

2 上体を反らせながら胸を張って、左右の肩甲骨を寄せつつひじを曲げる。鉄棒があごを越え、胸に近づくように体を引き上げよう。ゆっくり**1**の姿勢に戻す

動きを見たい人は

10～15回くり返す

くくなるので、肩幅の1.5倍くらいが理想です。逆手は、ひじを引きやすいぶん背中の筋肉に効かせやすいのが魅力。ただ手幅が広いと手首を痛めやすいため、肩幅程度のややナローの握りがおすすめです。

Vシェイプをつくりつつ厚みも出す

チンアップ（ナローグリップ）

親指を使わずに鉄棒を握ることで小指に力が入る。こうすると広背筋に効かせやすい

1

手を肩幅に広げ、下から逆手で鉄棒を握る。ひざを曲げて姿勢を安定させる

2

体を弓なりにして、みぞおちを鉄棒に近づけるようにひじを曲げて体を引き上げる。ゆっくり1の姿勢に戻す。小指で引っかけるように鉄棒を握ると背中をうまく使って動作できる

10～15回くり返す

動きを見たい人は

鉄棒の握り方で得られる成果が大きく変わる

じつは鉄棒の握り方で、鍛えられる筋肉とケガのリスクが決まります。ポイントは手の向きと手幅です。

手の向きで言うと、手の甲を見ながら握る順手（オーバー）と、その裏返しの逆手（リバース）があります。手幅は、広い（ワイド）と狭い（ナロー）。標準的な手幅を加えると6パターンです。順手で手幅が狭いと、肩甲骨が寄りにくくなり手首にも負担がかかります。かといって広すぎると力が入りに

キレキレの腕は繊細なマッスルコントロールの賜物

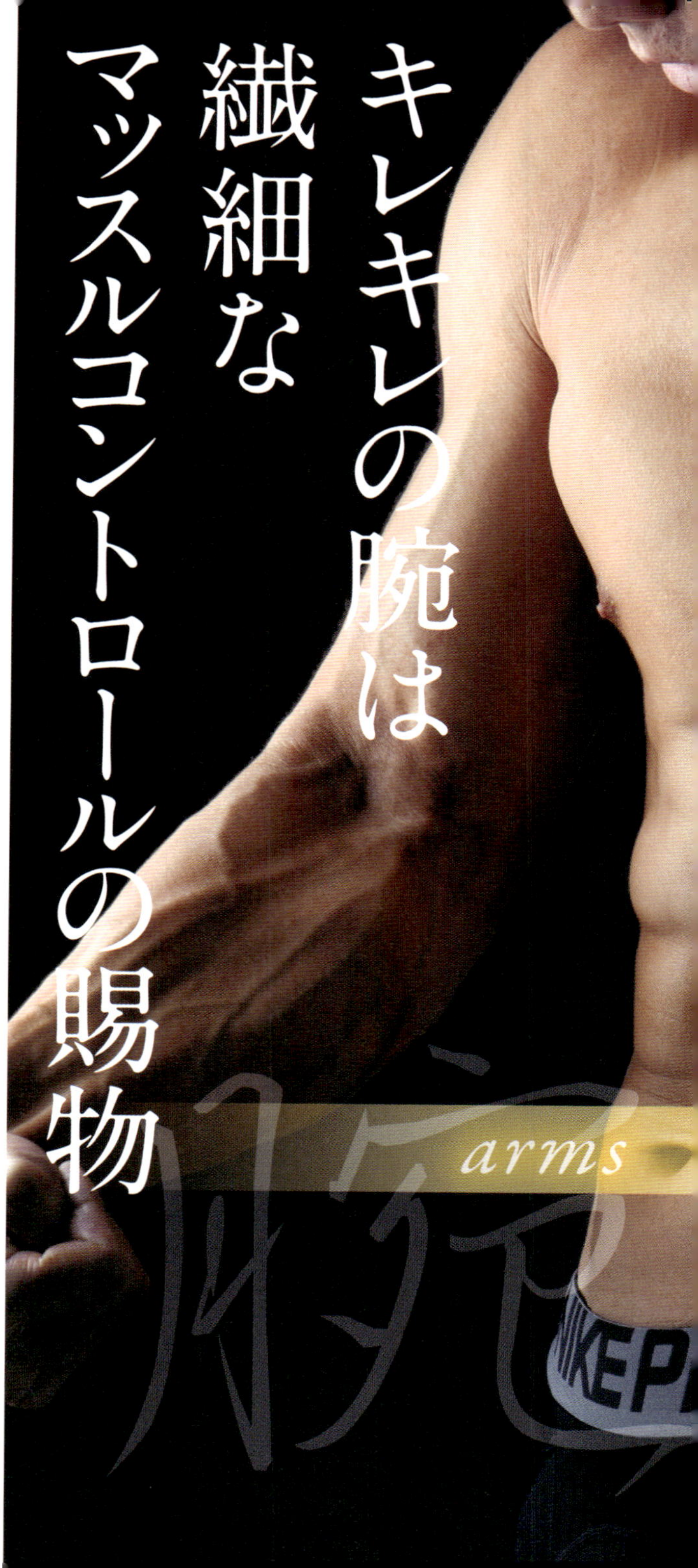

二の腕に隆起する力こぶは強さの象徴です。そして血管の浮き出る前腕は、研ぎ澄まされた美しさを感じさせます。腕は、胸などを鍛えているうちに勝手に鍛えられますが、極めようとすると難しい。鍛えるべき筋肉を充分刺激できていないことに気づかないままトレーニングする人を、よく見かけます。腕を構成する一つひとつの筋肉が小さいぶん鍛え分けしにくく動作も繊細なため、雑だと狙いがすぐ外れてしまう。効率よく鍛えるには、ターゲットに意識を集中し正確に動き続けることが不可欠です。

腕トレプログラム
1セット4種目（4分）

各プログラムは4種目を続けて行う。次の種目への移行時間は10秒以内

スクイーズ種目は3秒全力で5回、ほかは「1秒上げ、1秒キープ、1秒下ろし」で

15回終えるか、同じ動作ができなくなった時点で終了。呼吸は止めずに行う

2セットまたは3セットくり返す

スピネイトカール

力こぶを立体的に見せる溝を
二の腕の内側（上腕二頭筋短頭）に刻む

コンセントレーション カール

肩との境界にシャープな溝をつくり、
力こぶのピークを高くする厚みを増す

リバース プッシュアップ

力こぶをつくったときの腕の
下側のライン（上腕三頭筋長頭）を
ふくらませて太さを演出

ダイヤモンド プッシュアップ

上腕三頭筋の外側頭を刺激し、
前から見たときに横に張り出した
太い腕をつくる

腕のプログラムは、表と裏に分けて構成し、表側は力こぶの高さとキレを魅せる腕の内側の溝からつくるといいでしょう。裏側は前後から見て横に張り出した力強い腕を演出しつつ、力こぶ下側の太さを追求します。この多方面からの「メリハリ」が立体感と迫力を増すのです。肩と腕の境目を埋めている脂肪も削り落としセパレーションを深めれば、肩の丸みと引き締まった腕の両方を強調できます。

鏡の前に立つと、つい力こぶをつくる人は多いと思いますが、そのときは知らず知らず肩まで見ているもの。腕と肩は、上半身のフォルムを形成するうえで切り離して考えられないほど密接です。肩をトレーニングする日は、連続して腕もやると効率的に追い込めます。

ものたりなくなったら
スロー
ダンベル
プレス

小指からグッと巻き上げていく動きで腕の内側が痙りそうになるほど収縮させ、力こぶの横幅を増す。ここでは動きながら、いかに強く腕の押し合いができるかがポイント。しっかり力を込められると腕にかなりの疲労が感じられ、トレーニング効果も高まる。

腕
arms

スピネイトカール

動きを見たい人は

1 曲げた手首を押さえつける

一方の腕を下ろして軽くこぶしを握り、手首を返す。その手首を押さえつける

Close Up

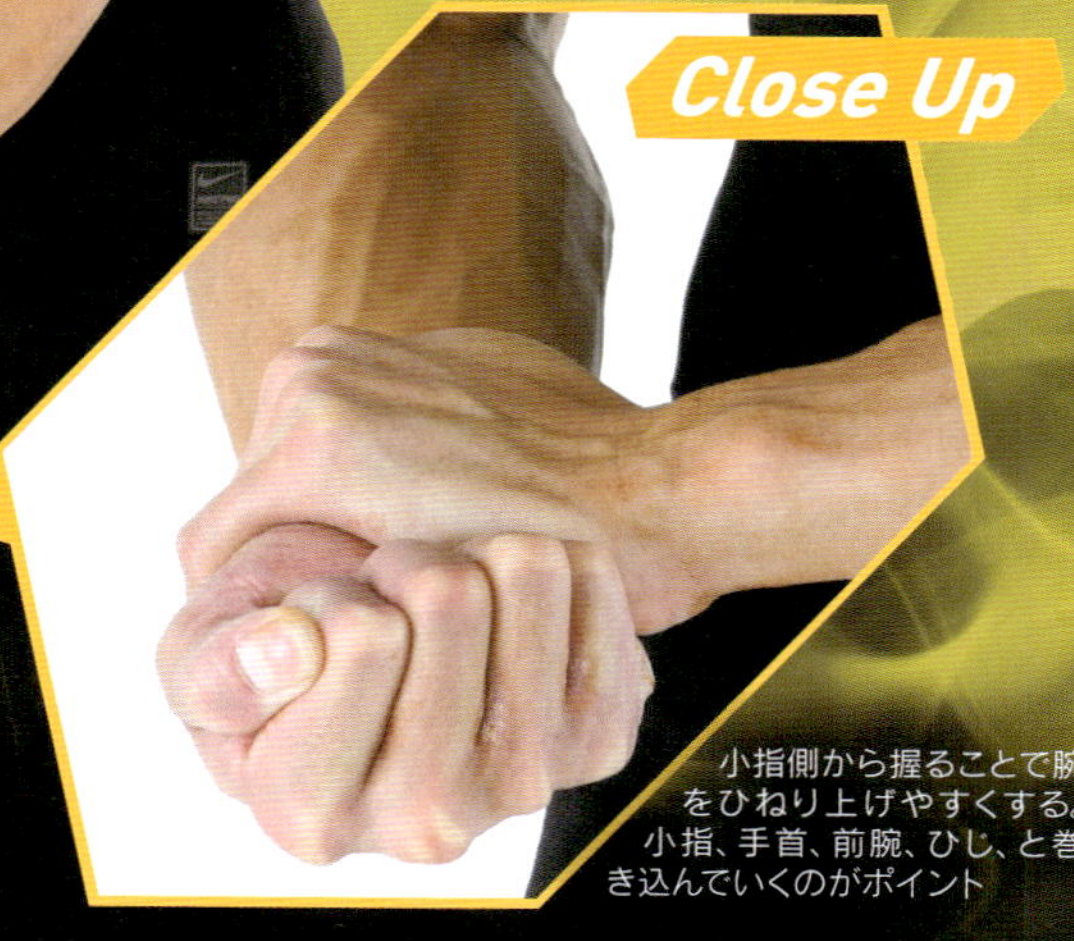

小指側から握ることで腕をひねり上げやすくする。小指、手首、前腕、ひじ、と巻き込んでいくのがポイント

肩に力が入ると腕に負荷がかからない。肩甲骨を下げ、肩の力は抜いて行おう

2
小指から巻き込むようにひねりながらひじを曲げる

息を吐きながら小指を握り込み、押さえつけたほうの腕を曲げていく。限界まで曲げたところで、全力で3秒押し合う

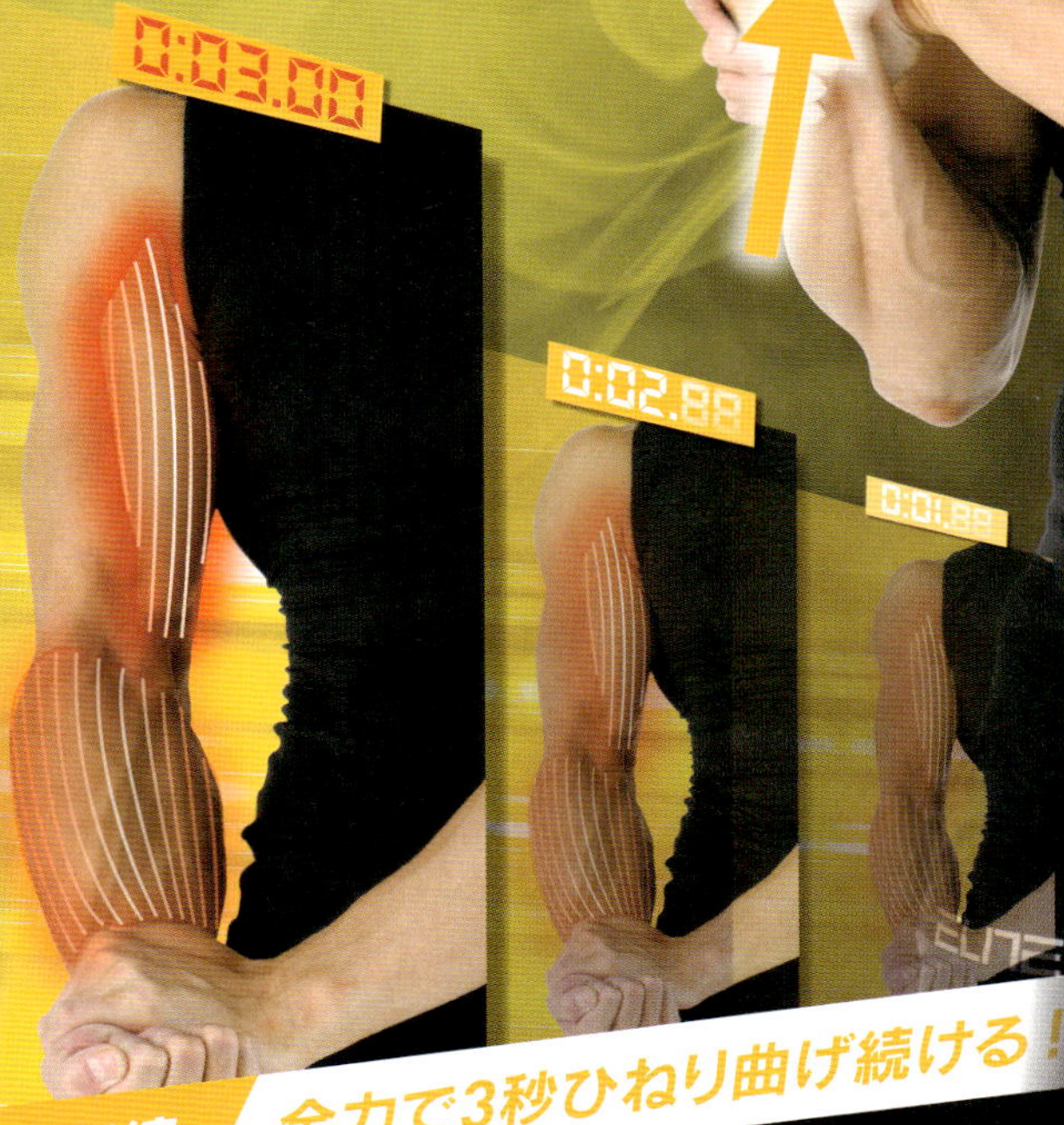

最大収縮 全力で3秒ひねり曲げ続ける！

3
1秒かけて1の姿勢に戻す

2・3を**5**回くり返す
左右行う

次の種目へ

ものたりなくなったら
スロー
ダンベル
プレス

太ももを使い安定させた状態で、上腕二頭筋の外側を中心に腕橈骨筋まで刺激する。腕を曲げる点ではスピネイトカールと似ているが、こちらは力こぶのピークを形成。上腕と肩（三角筋側部）の筋肉の境目に谷間を刻むことで、たくましい腕を演出する。

腕
arms

コンセントレーションカール

動きを見たい人は

1 曲げた手首を押さえつける

イスに浅く腰かけて上体を前傾させ、一方の腕を下ろし、ひじを太ももに押しつける。下ろした腕は軽くこぶしを握り、手首を返す。もう一方の手で全力で手首を押さえつける

最大収縮
全力で3秒ひねり曲げ続ける！

親指を握り込んでひじを曲げる

息を吐きながら親指を握り込み、押さえつけたほうの腕を曲げていく。限界まで曲げたところで、全力で3秒押し合う

2

3 1秒かけて1の姿勢に戻す

2･3を5回くり返す
左右行う

肩に力が入ると腕に負荷がかからない。肩甲骨を下げ、肩の力は抜いて行おう

次の種目へ

③ 二の腕背面を盛る

ものたりなくなったら
スローダンベルプレス

ターゲットは、肩の後部に突き刺さる上腕三頭筋長頭。肩と腕のあいだに深い溝を刻む。わきをしっかり締めてひじの曲げ伸ばしを行うと、長頭への刺激が高まる。ひじを痛めやすいので気をつけて行おう。

腕
arms

リバースプッシュアップ

standby

イスを背にして座面をつかみ、両脚はそろえてできるだけ前に伸ばす

1
息を吸いながらひじを深く曲げる

息を吸いながら、1秒かけて両ひじを深く曲げる。お尻が床スレスレ、またはひじを直角まで曲げることをめざそう

Easy

ひざを深く曲げることで、上腕三頭筋にかかる負荷を減らせる

動きを見たい人は

わきが開くと上腕の背面に効かない

ひじの曲げ伸ばしはわきを締めて行う。ひじは体の真後ろを向く

2 息を吐きながら ひじを伸ばす

息を吐きながら1秒かけてひじを伸ばす。ギュッと力を込めて1秒キープ

上腕三頭筋（長頭）に効く！
わきを締めて動作することで、たるみがちな二の腕背面の血流を上げ、脂肪を落としつつ肩や背中のフォルムを力強く演出する

次の種目へ

ものたりなくなったら

トライセプスエクステンション

腕の外側に思いきり効くプッシュアップ。ここに筋肉を盛ると、正面から見たときの太さが強調されて一気に迫力を増す。リバースプッシュアップ同様、ひじへの負担が大きい種目なのでケガには注意を。

腕

arms

ダイヤモンドプッシュアップ

動きを見たい人は

standby

うつ伏せになり、胸の下で人差し指どうし親指どうしをつける。ひじと脚を伸ばし、お腹に軽く力を入れて肩から足先までを一直線に保つ

1 息を吸いながらひじを深く曲げる

息を吸いながら両ひじを深く曲げ、1秒かけて胸を床スレスレの位置まで下げる

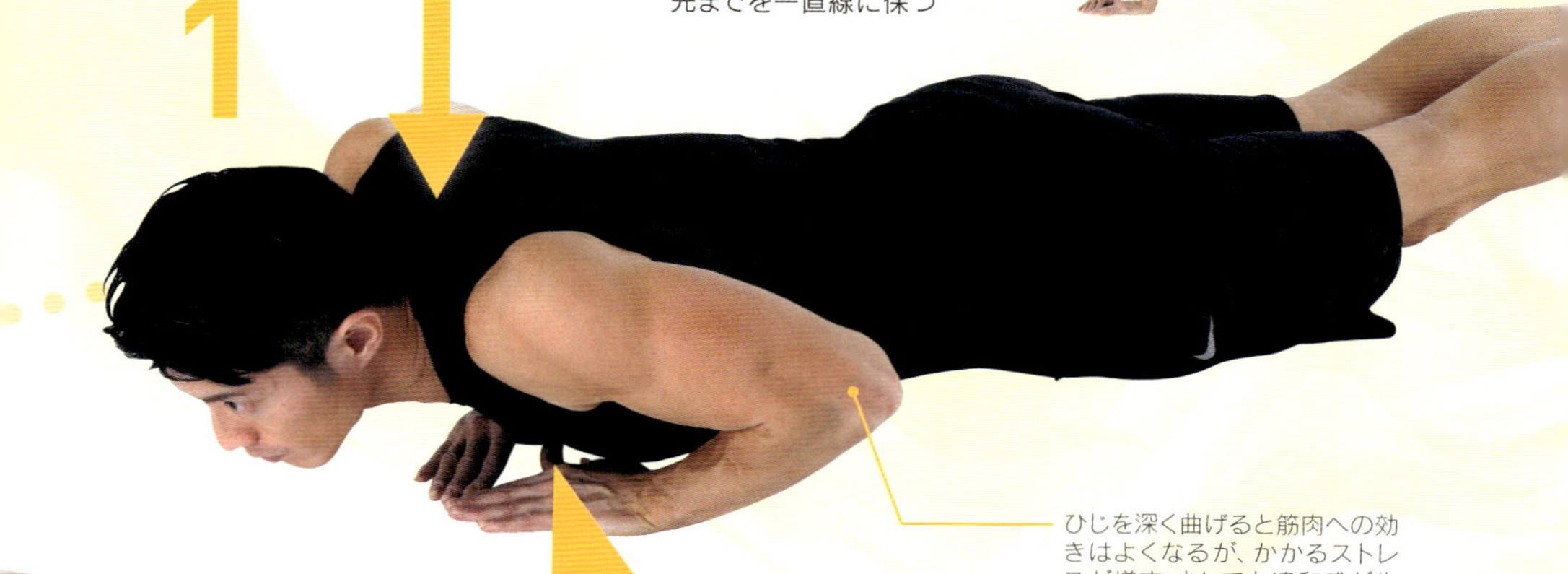

ひじを深く曲げると筋肉への効きはよくなるが、かかるストレスが増す。少しでも違和感が生じたら深く曲げすぎないフォームに変え、負荷が減ったぶんは回数を増やすことで補おう

Close Up

人差し指どうし親指どうしを合わせて三角形をつくる

ひざを床につけて行うとラク。腰が反ったり、お腹が下がったりしないよう注意

ひじや肩に不安のある人は、立ったままテーブルなどに両手をつき、ひざとひじを曲げる。ひじは左右ともに外側に向ける

上腕三頭筋（外側頭）に効く！

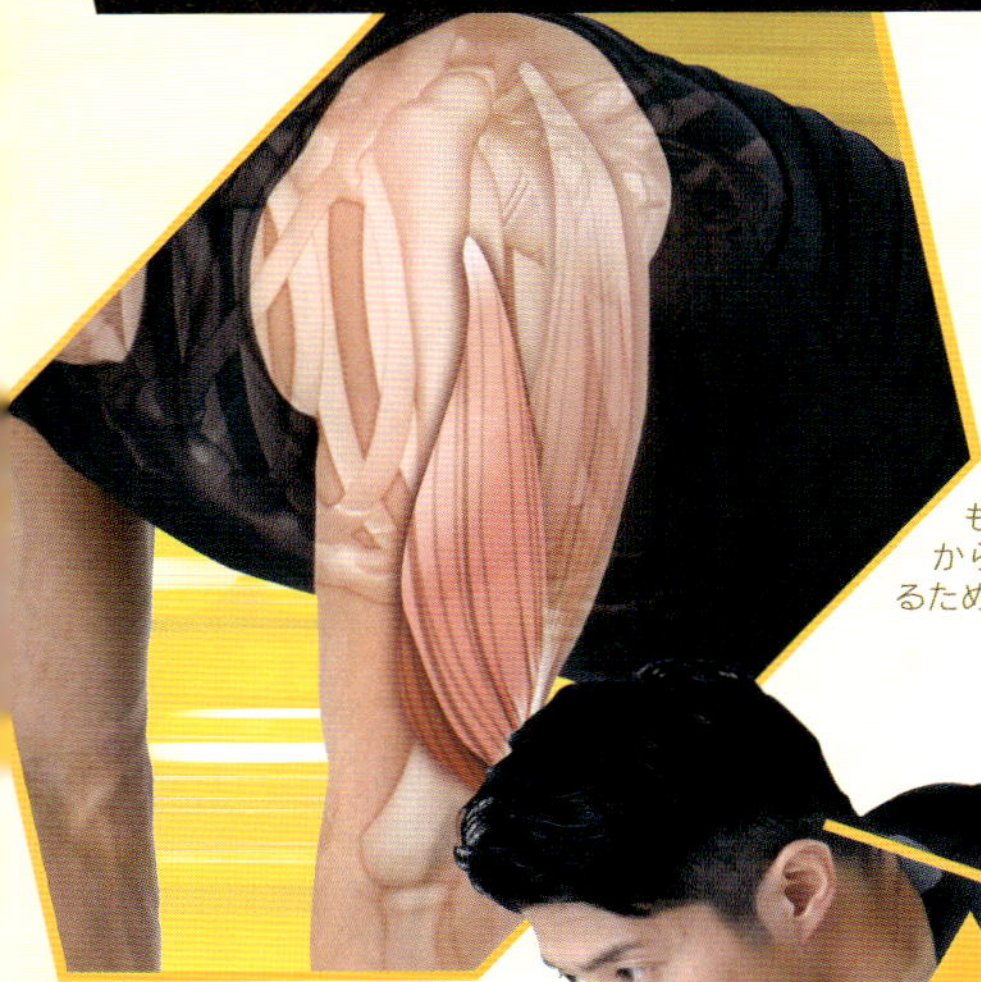

上腕三頭筋の、おもに外側に効く。正面から見て太い腕をつくるために必須

2 息を吐きながらひじを伸ばす

息を吐きながら1秒かけてひじを伸ばし、二の腕背面にギュッと力を込めて1秒キープ

15回 くり返す

finish

脂肪の巣窟を徹底的に攻め無駄を排除する

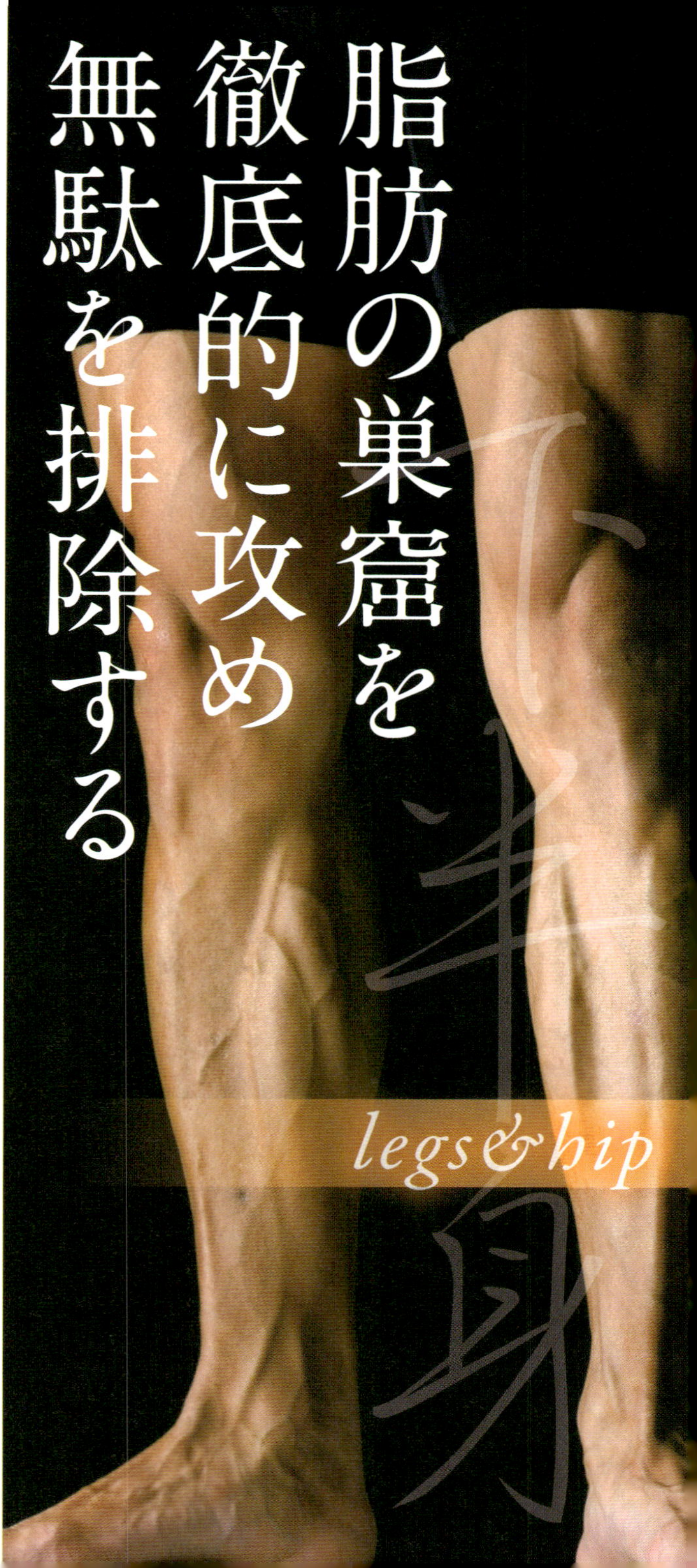

二本の脚で歩く人間は、片脚に全体重が乗るぐらいは軽いもの。下半身の筋肉を大きくするには相当の負荷が必要です。

筋肥大を極めたボディビルダーの脚には、限界まで肥大させた筋肉に溝がザクザク刻まれています。これを仕上げるために、彼らはケガと闘いながら高重量で下半身の筋肉を痛めつけ、同時に４００ｍを全力疾走するレベルの負荷を幾度となく心肺にかけ続けます。これはトレーニング後に酸欠を起こして倒れ、翌日はイスに座ることさ

下半身トレプログラム
1セット4種目（3分30秒）

各プログラムは4種目を続けて行う。次の種目への移行時間は10秒以内

スクイーズ種目は3秒全力で5回、ほかは「1秒上げ、1秒キープ、1秒下ろし」で

15回終えるか、同じ動作ができなくなった時点で終了。呼吸は止めずに行う

2セットまたは3セットくり返す

えままならない筋肉痛を起こすレベルです。

こうして究極まで仕上げた脚は節くれだって太く、歩くだけで内ももはすれるしデニムのパンツは入らなくなるしと、日常生活では不都合のほうが多い。

本書では、筋肉を盛るよりも引き締めて綺麗にかたちを整える種目を紹介します。大殿筋上部を鍛えてお尻の位置を高くし、大殿筋下部は太ももとの境目を刻んで脚を長く見せる効果を狙いましょう。目標は、脂肪を脱ぎ捨て、その下に埋まっていた筋肉の凹凸を復活させること。ターゲットは脂肪の乗りやすい、お尻と太ももです。ハムストリングス、内転筋、大殿筋を積極的に動かし、下半身を美しく引き締めましょう。

1 ヒップエクステンション

大殿筋下部を上げ、
ハムストリングスとの溝を深めて
お尻の輪郭を明確に

2 リバースランジ

大殿筋上部を盛り
ヒップのピークを高くして腰高の印象に

3 スティッフレッグド デッドリフト

後面の脂肪を削り、
すっきりした太ももに

4 ヒップアダクション

体脂肪の溜まりやすい内ももの
血流を上げ脂肪を燃やす

ものたりなくなったら
スロー
ダンベル
プレス

垂れ下がり、脂肪に埋まりやすい尻から太もも裏側は、ヒップアップさせすっきりさせたい部位。大殿筋は股関節を伸展・外旋させる動作で使われるため、できるだけ高く脚を上げ、全力でかかとを押し合おう。脚を長く見せるヒップラインづくりにも役立つ。

脚
legs&hip

standby

床にうつ伏せになる。脚は後ろに伸ばし、かかとを合わせる

1 脚をつけ根から上げる

かかとを合わせたまま両脚をできるだけ高く上げる

ヒップエクステンション

動きを見たい人は

最大収縮 全力で3秒押し続ける！

2 かかとを押し合う

両脚を上げたまま3秒間、かかとを全力で押し合う

3 両脚を広げてキープ

両脚を上げたまま腰幅に開いて、3秒キープしたら下ろす

最大収縮 開いたまま3秒キープ！

5回くり返す

次の種目へ

ものたりなくなったら
ダンベル
リバース
ランジ

下半身を鍛えると姿勢が安定して力を発揮しやすくなるため、すべてのトレーニングの質を底上げできる。とくに弱りがちな背面を鍛え、鈍っていた血流を回復させよう。ヒップが上がり太ももの境目がくっきりし、ハムストリングスのセパレーションが強くなれば脚も長く見える。

脚
legs&hip

リバースランジ

動きを見たい人は

1

お尻を少し引き かかと重心になる

机の横に立ち、一方の手を乗せる。もう一方の手は小指を脚のつけ根に密着。やや上体を前傾させて、ひざも軽く曲げる

NG

腰を落としたときに逆側の足に体重が逃げると、まったく効かない

Close Up

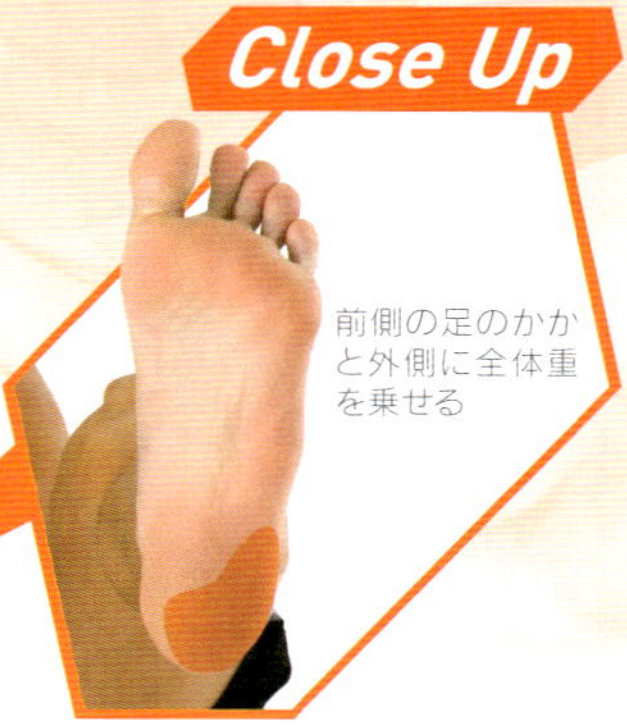

前側の足のかかと外側に全体重を乗せる

体を前側の足のかかと外側後方に下ろすイメージで、腰を深く落とす

ひざを屈伸するときに、大殿筋とハムストリングスを使っていることを意識。脂肪のつきやすい部位なので、しっかり血流をアップさせよう

大殿筋・ハムストリングスに効く！

2

片脚を大きく引いていく

息を吐きながら、手を当てた側のひざを曲げて限界まで腰を落とす。その手を強くはさむように上体の前傾も深める。同時に逆側の脚は後ろへ伸ばし1秒キープ

2・3を 15回 くり返す
左右行う

3

1秒かけて1の姿勢に戻す

次の種目へ

ものたりなくなったら
ダンベルデッドリフト

大殿筋は大きな筋肉で力も強いため、2種目続けて負荷をかける。ここでもターゲットにするのは、尻と太もも裏側の境目。脂肪が溜まりやすいので、ガンガン使おう。血液を流し、脂肪をからめとるイメージだ。

スティッフレッグドデッドリフト

1 直立し、腕を胸の前でクロス

足を腰幅に開いて立ち、腕は胸の前で交差させる。お尻に力を入れてキュッと引き締める

つねに、お尻をキュッと引き締めたまま行う。こうしないと効きの悪いトレーニングに

動きを見たい人は

Hard

2 上体をゆっくり倒していく

お尻に入れた力を抜かず、息を吸いながら後ろに引いていく。上体は自然に前に倒し、太ももの裏側に張りを感じたら1秒キープ

ただ上体を倒すだけではターゲットから負荷が抜ける。「お尻を引いていく」のがコツ

大殿筋・ハムストリングスに効く!

大殿筋とお尻に近いほうのハムストリングスを狙う。お尻の力を抜かずに動作し、太ももの張りを感じられるかどうかがポイント

3 1秒かけて1の姿勢に戻す

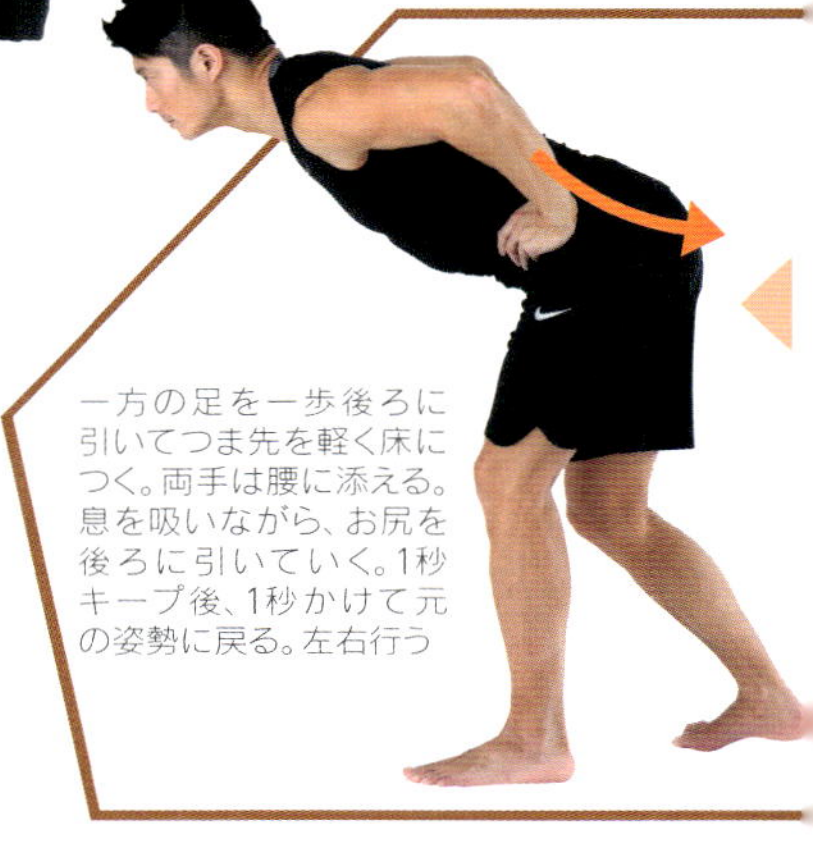

一方の足を一歩後ろに引いてつま先を軽く床につく。両手は腰に添える。息を吸いながら、お尻を後ろに引いていく。1秒キープ後、1秒かけて元の姿勢に戻る。左右行う

2・3を15回くり返す

次の種目へ

ものたりなくなったら
ワイド
デッド
リフト

やはり脂肪が乗りやすく、日常生活では鍛えにくいのが内転筋。よく動かして血流を促そう。内転筋が発達し、周辺の脂肪が削れていくと、内もものつけ根がくびれる。この小さなくびれこそ、美しい脚にシェイプされてきた証しだ。

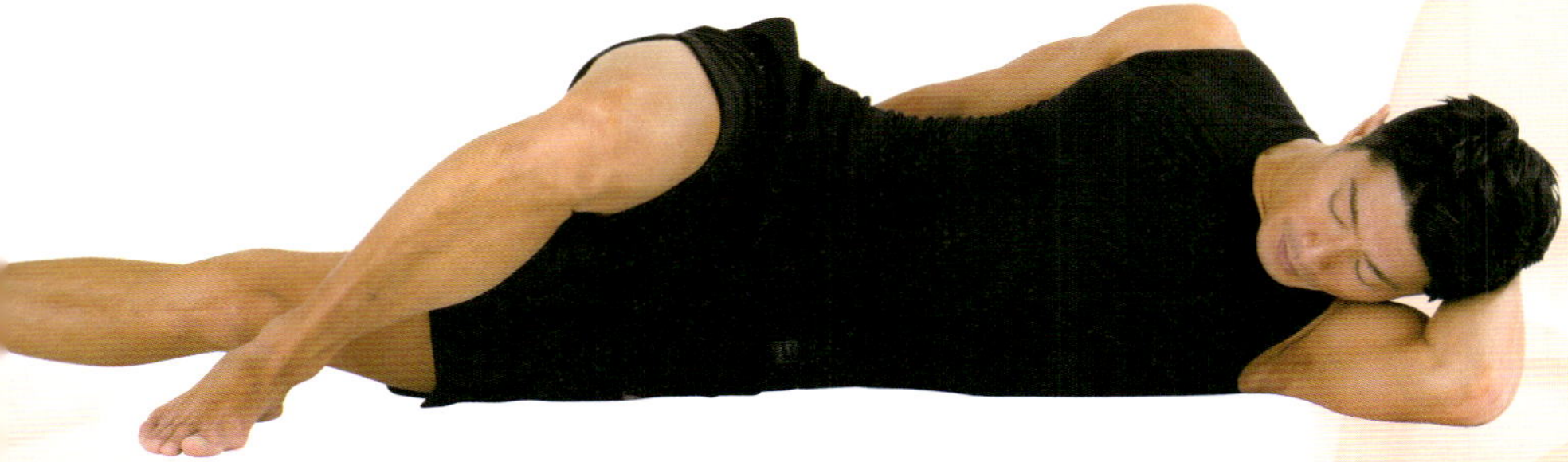

1 横向きに寝る

横向きに寝て、下になる腕に頭を乗せる。上になる腕は体に自然に沿わせる。上の脚はひざを直角に曲げて、体の前で床につける。下の脚は伸ばし、床から少し浮かせることで力が抜けないようにする

ヒップ アダクション

動きを見たい人は

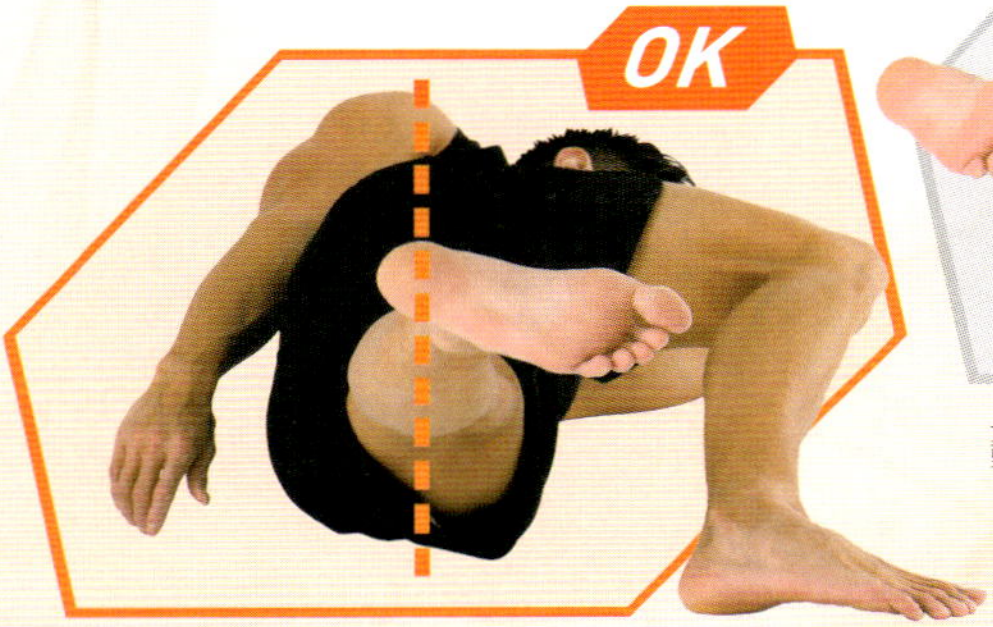

脚はひざを曲げず真上に

上げた脚が前後にぶれると
動きが悪くなる

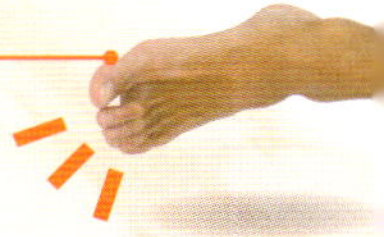

足は床につけない

2 下の脚を上げる

息を吐きながら、伸ばしたほうの脚を1秒かけてできるだけ高く上げ、1秒キープ

3 1秒かけて 1の姿勢に戻す

2･3を 15回 くり返す

左右行う

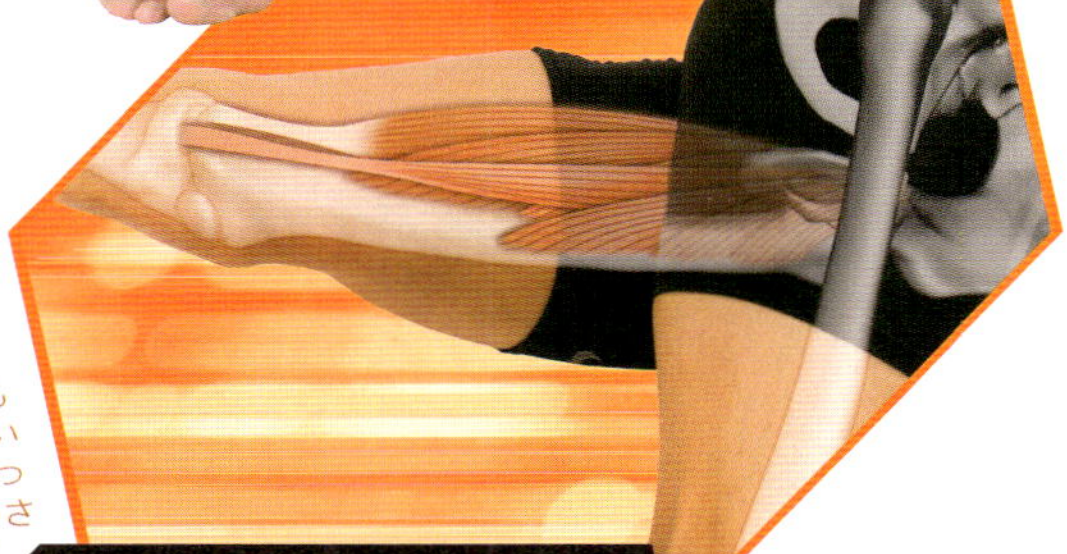

脚を上げる際、太ももの内側を使っていることを意識。終わってから、そこにだるさを感じられれば成功

内転筋に効く!

COLUMN

「ちょっとした違和感」は体が壊れかけのシグナル

トレーニングやスポーツを行っている最中、体に何らかの違和感があったら、すぐに「やめる」勇気を持つことは大切です。違和感を抱えたままトレーニングを続けると、かならず大きなケガにつながります。

オーバーユースシンドロームや慢性の障害は、疲労やマイクロ・トラウマという微細損傷が蓄積した結果、起こるもの。痛みを感じると「筋肉のケガ」と思う人は多いですが、じつは関節が損傷しているというのが怖い。一度壊れたら完全には回復しません。まず炎症による痛みで関節が動かせなくなり、次第に硬くなります。そしてある日突然、谷底へ落ちるかのように関節が機能しなくなり、大きなケガとしてあらわれる。体を過信し「まだいける、まだいける」と頑張りすぎるのは、危険極まりない行為です。

やめどきの目安は、関節を伸ばしたときや曲げたとき、そして体重をかけたときに何らかの違和感や不快な痛みが走った瞬間です。とくに高重量のフリーウエイトを扱うトレーニーは、深刻なケガが非常に多い。身に覚えのある人も多いでしょう。

本書のプログラムは深刻なケガのリスクがかなり低い、自分の体の重さや筋力を使ったトレーニングばかりです。

もちろんケガの危険性はゼロではありません。フォームの乱れはケガにつながります。「硬くて動きにくいな」と思ったら、事前にストレッチをする。そしてトレーニング中は動きに繊細になり、正しいフォームで実行する。これは、効率よく結果を出す意味でも、ケガを予防する意味でも大切です。

知っておきたい 筋肉の基本

PART 3

成功者がこぞって体を鍛える、本当の理由

トレーニングが体に起こす変化は、筋肉を大きくするだけにとどまりません。じつは体内のあらゆる器官に好影響を及ぼしているのです。

筋肉を動かすと血流が増え、そのくり返しは全身の代謝を活発にします。血液を送り出す心臓や酸素を取り入れる肺も鍛えられて、日を追うごとに持久力は向上。さらに胃や腸も活性化するため消化・吸収機能が高まります。筋肉を意識して動かすと神経伝達が改善され、巧みに動く技術も磨かれるのです。

意外かもしれませんが、脳も活性化します。強く、速く動作する、本書のように精密に動作する…。これらは大脳を使わなければできません。気づいていなかった体の使い方や新たな感覚の芽生えに気づくとき、脳は興奮し活性化しているのです。そして大脳の視床下部が刺激されると、さまざまなホルモン——とくに男性ホルモン（テストステロン）やアドレナリン、成長ホルモンの分泌がさかんに。これらは意欲をもたらし気持ちを前向きにするため、活力や性欲の維持にも深く関与。私たちの活力を奪う、加齢によるホルモン分泌能力の低下を食い止めるというわけです。

このように**筋肉を強くすることは、さまざまな器官が強くなり衰えた機能すら若**

いちばん強くなるのは心

トレーニングは小さな成功体験、正しい努力と報酬のくり返しです。できなかった種目ができるようになる、コンプレックスだった部位が気にならなくなる、自信を持って肌をさらせるようになる。これは強烈な成功体験です。着る服だけでなく行動まで変わるのは、肉体だけでなく心が変わったからなのです。自分の限界を肌で感じ、それを幾度となく乗り越えるたびに心は強くしなやかになる。大げさでなく、強い生の実感や感謝のマインドをもたらします。

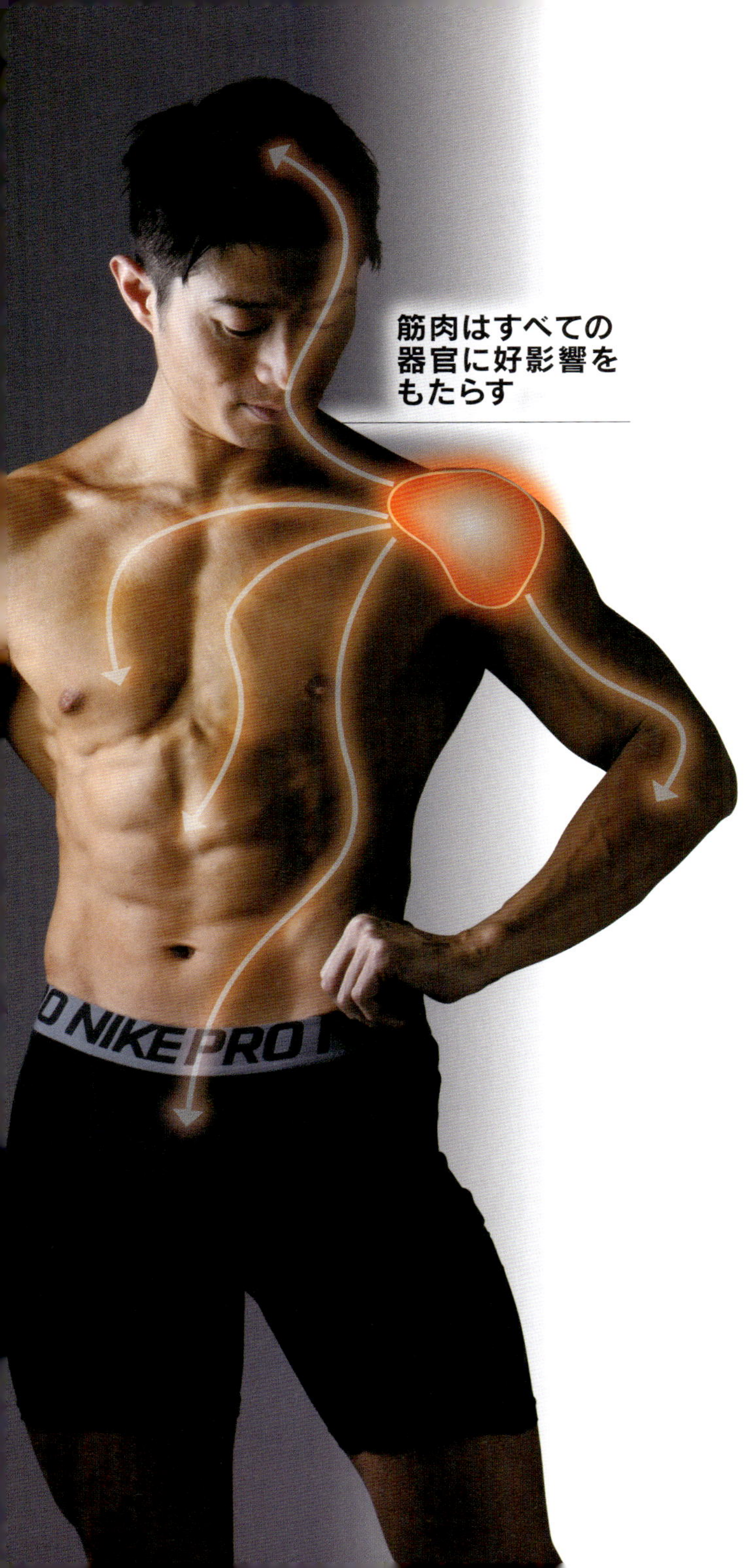

筋肉はすべての
器官に好影響を
もたらす
NIKE PRO

返る、その動物自体を強くする行為なのです。そもそも動物が動かせるのは筋肉だけなので、これも自明のことかもしれません。

一流と呼ばれる人やエグゼクティブほど、貴重な時間を割いてトレーニングを続ける理由。それは自己管理の象徴とも言える均整のとれたフィジークのためだけでなく、衰え知らずの体力・精力・活力を手にし精神まで強くできることが大きいでしょう。

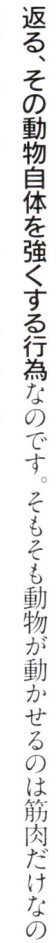

なぜ筋肉は、大きくも小さくもなるのか

筋肉はつねに体内で合成され、逆に分解もされています。合成の勝る人は筋肉がつき、分解の勝る人はつきません。そのバランスがいまの体形。これを変えて筋肉を大きくするには適切なトレーニング、そして適切な栄養と休息が必要です。

トレーニングをすると、まず脳はいつもより「力を出した」「伸ばされた」「疲れた」などの情報を受け取ります。その「刺激」に体がどう反応するかは、トレーニングの強度次第。対応できそうな強度なら体は一致団結し、同じような刺激が来ても対処できるように筋肉を変化させ始めます。大まかに、以下のような反応が起きると考えてください。

❶いつもより力を出した▼力が必要▼筋線維を太くする

❷いつもより伸ばされた▼長さが必要▼筋肉の柔軟性が増す

❸いつもより疲れた▼スタミナが必要▼エネルギー産生を高める

強烈な刺激を受けると、それ以上破壊されないために筋肉は硬くなります。そして炎症を起こすなどして修復に特化する状態に。これは打撲や肉離れといったケガに近い状態と思ってください。ラクすぎたら何も起きませんし、刺激がなければ衰える一

積み重ねる以外に道はない

筋肉が明らかに大きくなったことを実感するには2〜3か月かかると言われますが、筋肉を合成する反応自体は極めて短いスパンで起きます。1回のトレーニング、1時間のすごし方でも変化し、その小さな変化の積み重ねで筋肉ができていく。トレーニングをするたびに紙を1枚1枚重ねるように筋肉の厚みが増し、理想の体に近づいていきます。小さな時間をいかに大切にできたか、その積み重ねしか2〜3か月後の「実感」にたどり着く方法はないのです。

方に。つまり**「ギリギリなんとか体が対応できる」ところを狙って刺激するのが、効率よく筋肉をつけるための前提条件**なのです。

「筋線維を太くする」と体に決断させられたら、さきほど申し上げたような筋肥大に役立つホルモンが分泌されたり、筋肉周辺に存在するサテライト細胞が筋肉に融合したりします。それらの作用で運動後48時間は、筋肉を合成する体内システムが強く作動する。このタイミングで、充分な栄養が筋肉に供給され適切な休息をとると、筋線維は確実に太く大きくなっていきます。

筋肉を肥大させる さまざまな刺激（ストレス）

骨格筋は筋細胞が多数集まった束（筋束）で形成される。筋線維は筋細胞であり、さらに細かく見ると筋原線維（アクチンやミオシン）や骨格筋細胞核、ミトコンドリアなどからなる。このとき、筋線維の元となるサテライト細胞も増殖し、筋線維と同化して「筋核」に変容。この筋核が「筋細胞の元になるアクチン、ミオシンなどのたんぱく質をつくれ」という指令を出す。

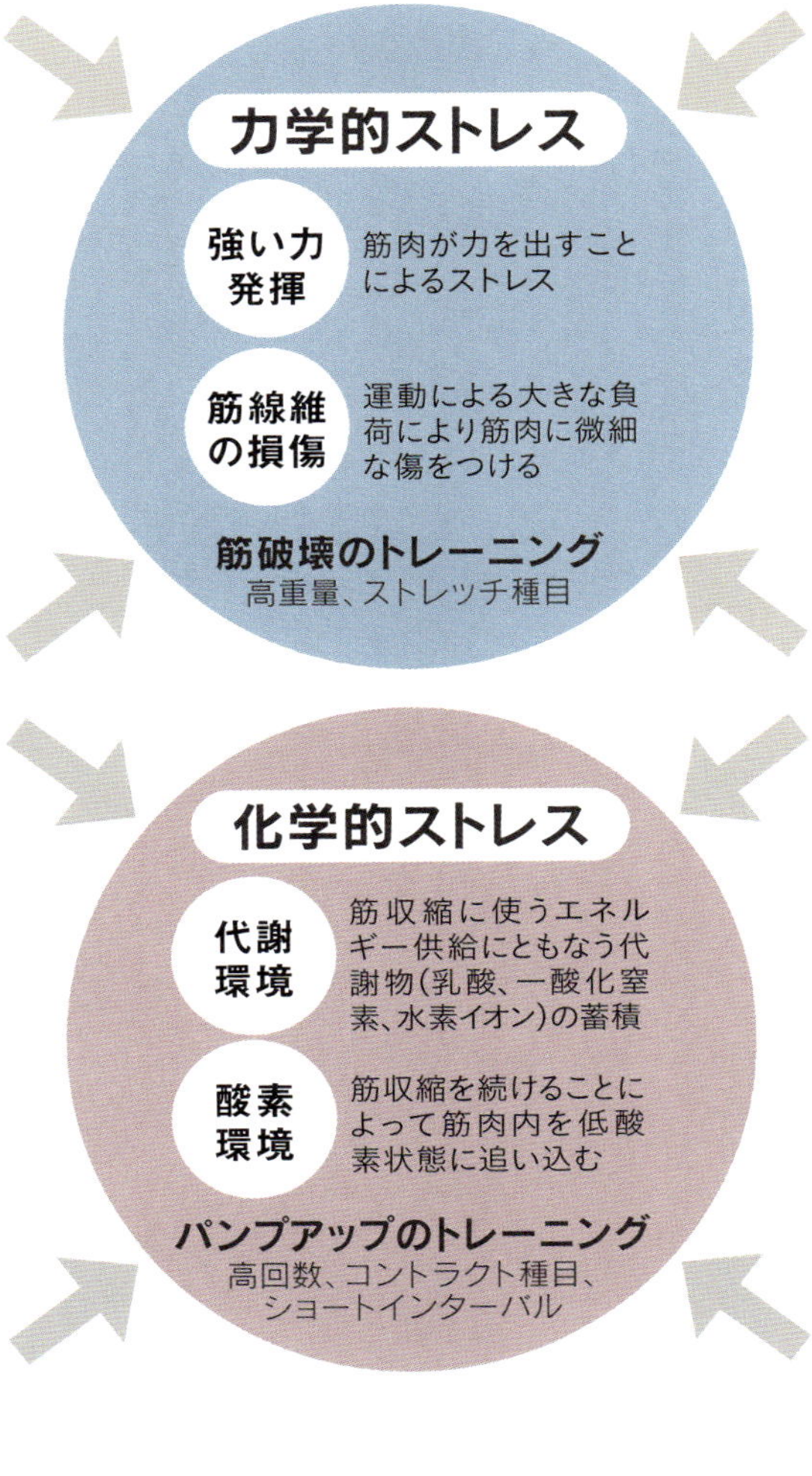

「材料」不足では筋肉は育ちようがない

筋肉は、鍛えただけでは大きくはなりません。トレーニングは「筋線維を太くする」と体に決断させるシグナル。そのタイミングで、**筋たんぱくの合成を促すホルモンと筋肉の「材料」となる栄養素が届いて初めて、大きくなり始めます。**

必要とされる「材料」の大部分は、たんぱく質が分解されてできるアミノ酸です。それに微量のビタミンやミネラルが使われます。遺伝子という設計図を元に、アミノ酸という大量の木材や鉄骨とビタミンやミネラルという釘やネジを使って、筋肉というビルを建てるわけです。もしハードにトレーニングしても筋肉がつかないとしたら、まず「材料」不足を疑いましょう。

本格的にトレーニングをする人なら、筋肉の「材料」となるたんぱく質の1日の必要量は体重1kg×2g程度です。70kgなら140gとなり、これは日本人の推定摂取量の3倍近い。かなり意識的に摂らないかぎり、確実に「材料」不足になります。たんぱく質摂取量が不足すると、トレーニングで消費したエネルギーを補填するために筋肉が分解されるという残念な状態に。これは極端な食事制限と長時間のトレーニングを併用したダイエットが失敗する原因の一つです。

効率的なたんぱく質摂取は、3時間おきに20〜40g

3時間おきにたんぱく質を摂取するメリットは、上記のほかにもう1つあります。1回の食事から体に吸収できる量には限界があるため、20〜40gなど、小分けにしたほうが効率的だからです。限界はないとする論文もありますが、それはおそらく細胞レベルでの話。食べすぎたら腹を下すことがあるように消化能力には限界があり、食べたぶんだけ体が大きくなることがないように吸収にも個人差があるからです。ちなみに限界を超えて摂りまくると、私の場合はにきびができたり体臭や便のにおいが変わったりしました。

たんぱく質が消化・吸収されアミノ酸として血液に乗るまでの時間を考えると、3時間に1回のペースで食べれば筋肉の「材料」が血液中につねにある状態をキープできます。それによって筋肉の分解は抑えられるのです。アミノ酸の血中濃度をキープできれば、トレーニング中から筋線維の合成が進むため筋肥大にも効率的。吸収のいいプロテインなら1時間後、BCAAならさらに早くアミノ酸を血液に供給できます。

ゴールデンタイムを逃すな

トレーニング実施から48時間は筋たんぱくの合成が高まり筋肉が大きくなる。このとき数時間おきにたんぱく質を摂取したグループは、より多くの筋たんぱく合成が起こることが知られている。

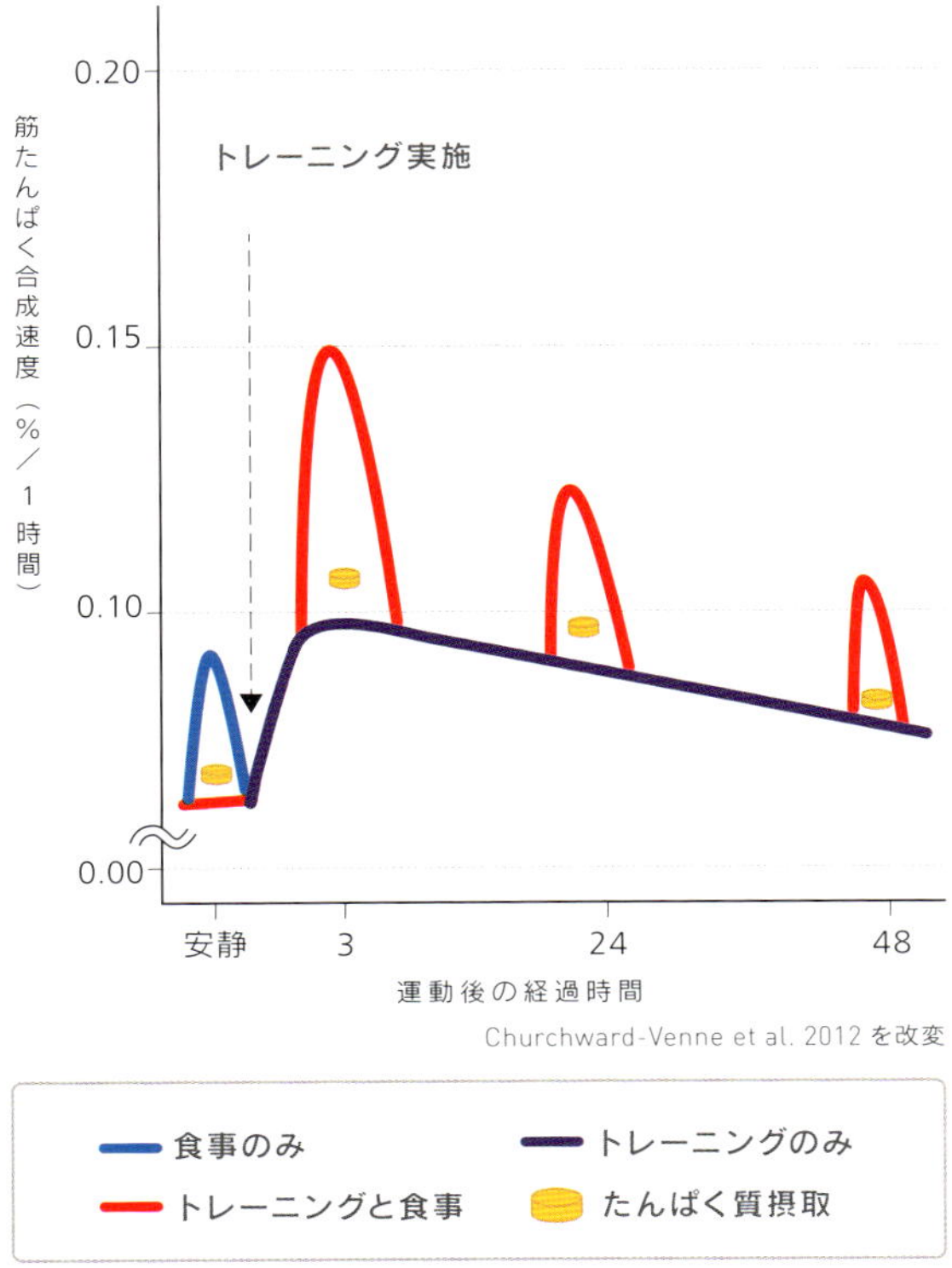

Churchward-Venne et al. 2012 を改変

インスリンのパワーを活用する

減量中でなければ、トレーニング後30分以内に糖質を摂るのも効果的。糖質を摂取するとインスリンが分泌されるが、運動後に分泌されるインスリンは筋肉の合成に優先的に使われる。そして筋肉へのアミノ酸取り込みを促し、筋肉の分解を防いでくれる。インスリンは脂肪の合成も促すため、糖質を過剰に摂れば脂肪として貯蔵されるので量には注意が必要。体脂肪を落としたい人は量を控え、運動をしない日の夕食は摂らなくてもいい。

「高たんぱく低脂質」食材を必須とせよ

筋肉の「材料」の多くは日々の調達が必要な、必須アミノ酸と呼ばれるものです。これを調達するベストな手段は食事ですが、トレーニングは頑張れても食事を軽視する人が非常に多い。基本的なことを理解するだけでも食に対する意識は変わるので、ここではポイントを絞ってお話ししていきます。

日本人の食生活は米などの穀物の比率が高かったため、昔から炭水化物（糖質）多めでした。それでも、日常生活でこまめに体を動かしていたこともあって消費できていました。ところが生活が便利になるにつれ消費しきれなくなり、余剰の糖質が体脂肪に。

この傾向に拍車をかけたのが、脂質が多い欧米風の食事です。これは「筋肉を盛り脂肪を削る」と真逆の食生活に陥りやすい環境にあるということ。

いまの体形を変えたいなら、**まず炭水化物（減）、脂質（減）、たんぱく質（増）にリバランスすることが必要**です。なかでも、筋肉の材料「必須アミノ酸」を豊富に含むたんぱく質を毎食しっかり摂ることは、最重要課題といえるでしょう。

高たんぱくの食材と言えば肉、魚、卵、乳製品です。ここで気をつけるべきは、たんぱく質以外の成分。体重70kgの人が１日に摂取したいたんぱく質は１４０gで

鶏胸肉は最強の食材

筋肥大に役立つことを試し続けた偉大な先人の多くが「金があるなら、いい肉を」「最高のプロテインより、良質な肉のほうが筋肥大に効果的」など、食事がいかに重要かを口にしています。これは多種多様な栄養素を複合的に含む食物をかみ砕き消化して生き残ってきた人類に、工場で精製した単一の栄養素を主とするプロテインパウダーがどこまで有効かは不明ということでしょう。栄養価の高い新鮮な食材に勝るものなし。便利で間違いのないたんぱく源は鶏胸肉で、最近は「サラダチキン」など入手しやすいものが多く流通しています。

すが、これを牛乳だけで賄おうとすると4・3ℓもの量が必要です。しかも2881kcalに加え、大量の脂質がついてきます。つまり**闇雲にたんぱく質を摂ると、脂質や糖質が過剰になりやすい**ということ。

鶏胸肉や鶏ささみ、牛赤身肉や豚ヒレ肉、ノンオイルのツナ、卵の白身がトレーニーに重宝されるのは、高たんぱくなのに脂質や糖質を抑えられるからです。

このようなボディメイクに適した食材でも食品重量全体の20%前後しかたんぱく質を含みません。1日3食なら毎食200〜300gの高たんぱく低脂質食材が必要ですが、そこに届かないにせよ積極的にたんぱく質を摂取しましょう。

高たんぱく低脂質は、こう選ぶ

食材を選ぶ

◎ **鶏胸肉（皮なし）、鶏ささみ、鶏もも肉（皮なし）**

✕ 牛カルビ ▶ **ハラミ、ヒレ、もも**

✕ 豚バラ ▶ **ロース（脂身なし）、ヒレ**

肉は、パッと見て白い脂身の少ないものを選ぼう。そして、できるだけ加工の少ないものが望ましい。ハンバーグやハムなどは、つなぎに脂質や糖質がたっぷり含まれることがあるため要注意

◎ **ノンオイルのツナ、マグロ赤身、サケ、カツオ、シシャモ、シラスなど**

魚は、調理に油を使わないことが多いし魚の脂質には有効成分もあるため、あまり神経質になりすぎなくていい

◎ **鶏卵**

コンビニなどでも簡単に手に入るゆで卵は、空腹時にたんぱく質を補給する際の強い味方になる

✕ 牛乳、ヨーグルト ▶ **低脂肪乳、低脂肪ヨーグルト、無糖ヨーグルト**

＋

調理法

✕ 揚げる（衣つき） ▶ ◎ **ゆでる、蒸す、焼く、電子レンジ加熱**

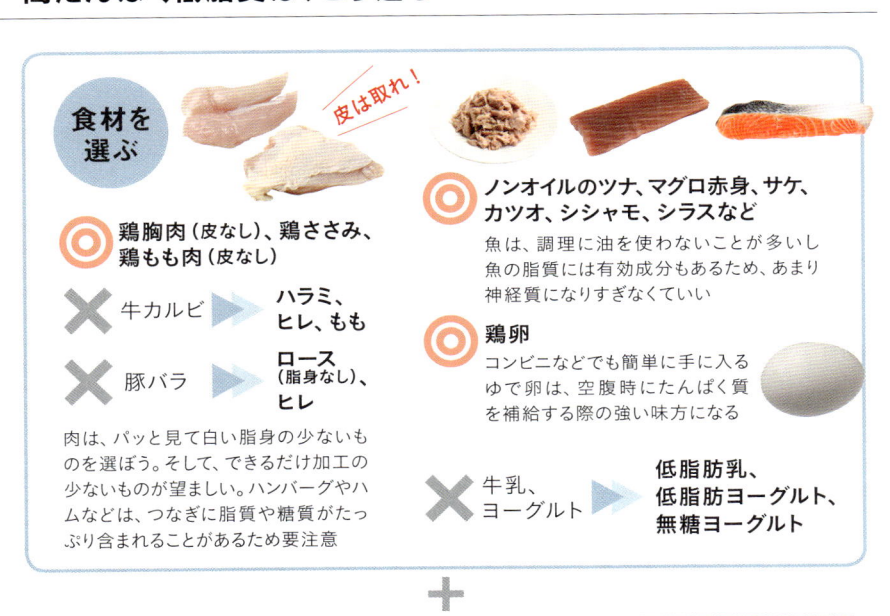

サプリメントは食事の弱点を補うためにある

本格的にトレーニングを始めると、気になるのがサプリメントです。「脂肪燃焼」「筋肉の合成を高める」「疲労回復」「免疫力を高める」などの言葉に期待する気持ちも、厳しいトレーニングの成果を最大化するためなら何でもしたいという気持ちも、よくわかります。

サプリメントは、その形状や販売ルートから「薬に近いもの」とイメージする人もいますが、要は食事の補強。**不足する筋肉の「材料」の大部分はたんぱく質なので、プロテインパウダーやアミノ酸をタイミングよく摂れば100点満点で70点は堅い。**自重トレーニングだけなら、これだけで合格点

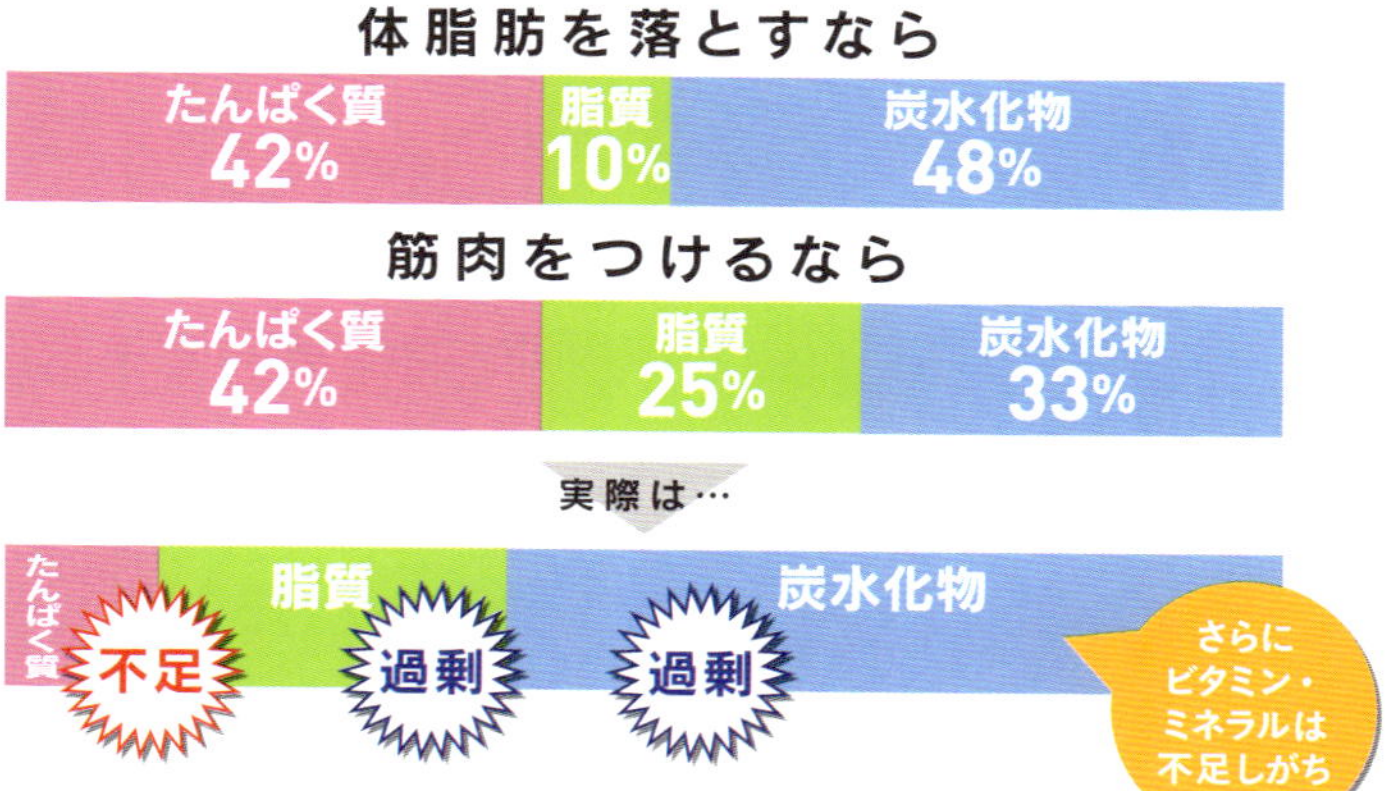

たんぱく質（圧倒的に不足）

食事で摂りきれないぶんはプロテインパウダーで補う。アミノ酸、クレアチン、BCAAなどはお金に余裕があれば

脂質（ナッツや青魚を食べる習慣がないと不足しがち）

オメガ３系で補う
（そのほかの脂質を抑えて少量摂る程度で充分）

ビタミン・ミネラル（野菜や果物をしっかり食べないと不足）

マルチビタミン・ミネラルで補う。お金に余裕があれば、単体のビタミンやミネラルを

炭水化物（摂りすぎになりやすい）

減らしすぎが気になるなら、消化・吸収に時間がかかり食物繊維の多いものを。トレーニング中に単糖類を使う手も

です。

　あとは普段の食事で野菜をたっぷり摂れていないなら、マルチビタミン・ミネラルを。とくにビタミンは筋肉の合成にも使われるため、不足しがちです。もしナッツや青魚を摂る習慣がないなら、ＤＨＡやＥＰＡを含んだオメガ3系を摂れば85点。

　残り15点のうち、10点は食事のタイミングをコントロールできない人が消化・吸収時間を調整するため、5点はホルモンにはたらきかけるものなどです。ＨＭＢなど、プロテインやマルチビタミン・ミネラルに比べると無視していいレベルのものも含みます。

　ここまでこだわると金銭的にも労力的にもかなりの負担です。それに見合ったリターンが得られると確信できる人はいいですが、そうでなければお金と時間に余裕のある「マニア向け」と言っていいでしょう。

サプリメント摂取の優先度

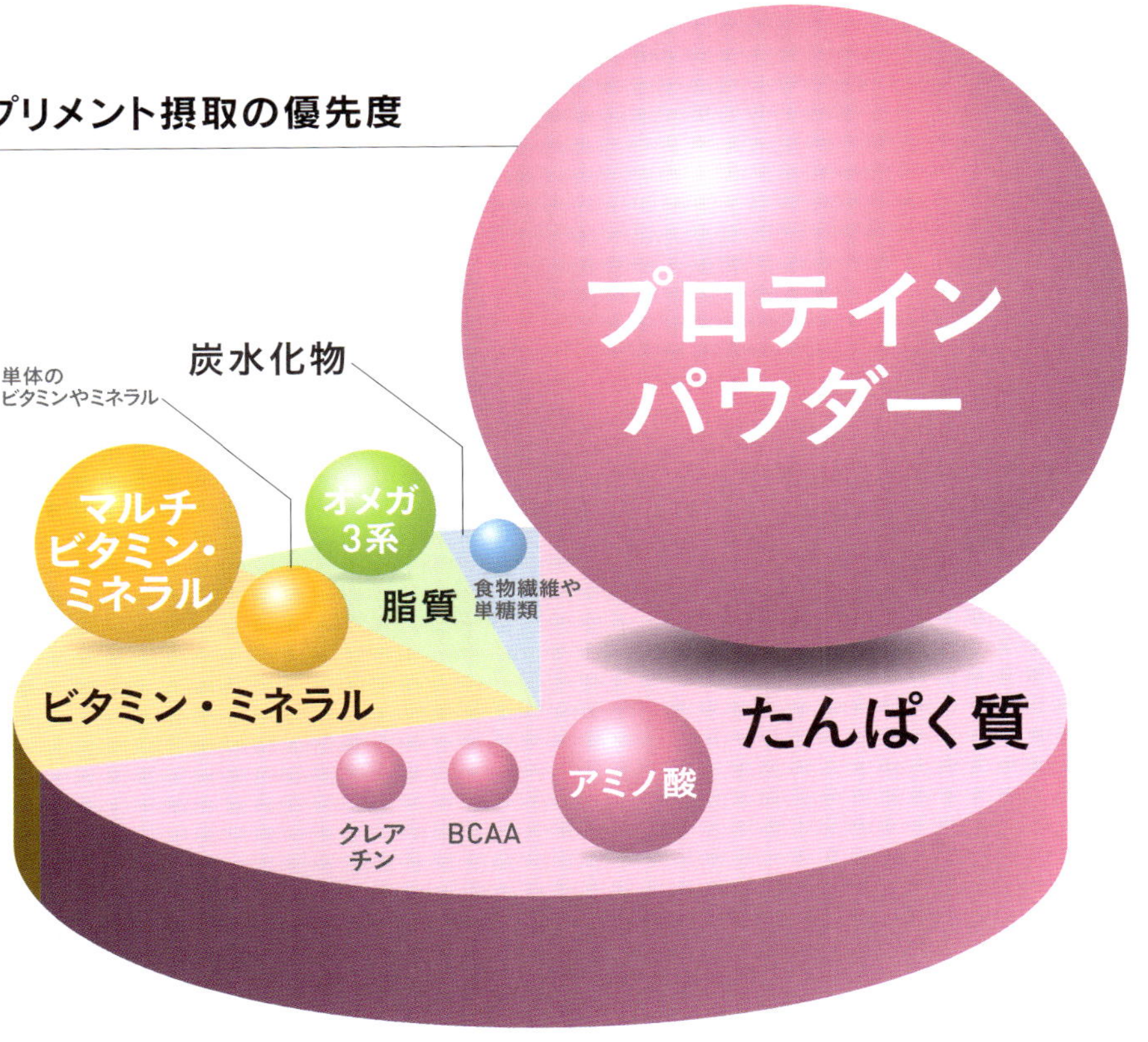

「盛る」食事*tips*

筋肉の「材料」となる食事とサプリメントの情報は玉石混交の状態で氾濫しています。判別が難しいものも多く、お金をかけようと思えば青天井になるのがおそろしいところ。ここではコストパフォーマンスの高いものを中心に、ご紹介していきます。

1

1日に必要なたんぱく質量は体重×2g程度

たんぱく質が不足すると筋肥大はもちろん、疲労回復力や肌、骨、毛髪にも悪影響を及ぼす。1日の必要量は体重×2〜3g。70kgなら70×2〜3g＝140〜210gと覚えておこう。といっても毎日肉や魚を200g摂ればいいわけではなく、その4〜5倍はないと必要なたんぱく質は摂れない。食品重量の20%前後しかたんぱく質を含まないからだ。

可食部100gに含まれるたんぱく質量の一例

- あじ（焼）…27.5g
- 鶏ささみ…23.0g
- 豚ヒレ肉…22.8g
- ゆで卵…12.9g

2

高たんぱく・低脂質の食材は毎食最低1品

毎食最低でも1品、高たんぱく・低脂質の食材を摂ろう。鶏胸肉、豚や牛のもも肉・ヒレ肉、白身魚、赤身魚（カツオ・マグロ）、イカ、タコなども食べる。大豆製品や卵も、1日1回は摂りたい。

9

パンプ系サプリメントで筋肥大効率を磨く

筋肥大を狙うなら、材料となる栄養素を血液に乗せて筋肉に届ける力も必要。運動、休息、栄養がそろっているなら、血管を拡張する一酸化窒素の前駆体、アルギニンやシトルリンが含まれるパンプ系のサプリメントを試しても。

10

男性ホルモンをサポートする手もアリ

男性ホルモンの分泌を助けるとされるサプリメントもある。男性ホルモンは筋肥大に欠かせないが、分泌量に個人差があるうえ加齢により減っていくので、①〜⑨をやり尽くしたら手を出しても。

いくつ
知ってる?

筋肉を

3
3時間に1回の たんぱく源摂取

筋肉の分解を防ぐには、つねに血液に筋肉の材料となる栄養素を入れておきたい。そのためには3時間おきに食事や補食・サプリメントで栄養を補給。食事はもちろん補食でも高たんぱく、低脂質、低糖質を意識しよう。

4
たんぱく源を手軽に 摂るならコンビニへ

コンビニは高たんぱく、低脂質、低糖質の補食の宝庫。鶏ささみのくんせい、するめ、サラダチキン、ゆで卵・温泉卵、笹かまぼこ、かにかまぼこ。おでんの具では、卵（徹底するなら黄身は除く）、タコ、はんぺん、ちくわがいい。

5
サプリメントを摂るなら プロテインとBCAA

摂るべきサプリメントを1つだけあげるなら、筋肉の材料となるものを。まずはプロテインで、金銭的に余裕があればBCAAをプラス。プロテインは比較的安価だが吸収にやや時間がかかり、BCAAはすばやく吸収されるが、やや高価。

6
BCAAの摂取は トレーニング中か直前直後

筋肥大の効率を上げるには、トレーニング中の血中アミノ酸濃度をマックスにしたい。プロテインは目覚めてすぐや食事と食事のあいだに摂る補食として、BCAAはすばやく吸収されるためトレーニング中か直前直後がベスト。

7
手軽だが高カロリー!? プロテインバー

プロテインサプリメントの摂取は運動の1時間前か、筋肉が栄養を受け止める感受性が高まっている運動後30分以内がグッドタイミング。ただしプロテインバーは脂質と糖質が意外に多いので、手軽だが安易に手を出さないように。

8
筋トレ直後は適量の糖質を

糖質の利点は、トレーニングのガソリンとなりハードに動けることと、インスリン分泌のパワーを借りて筋肉を大きくする効果を最大化すること。運動の数時間前なら消化吸収のスピードが遅いおにぎりやそばがベターで、直後ならジュースなど吸収の早いものがいい。何も摂らないでハードに動くと筋肉がエネルギー不足に陥って全力を出せず、ハードに動いたあとに摂らないと筋肥大効果が落ちる。

筋肥大を効率化する「体内インフラ」とは？

筋肉を拡大して見ると、周囲に毛細血管が広がっていることがわかります。毛細血管は、全身の細胞に栄養素や酸素を供給し老廃物や二酸化炭素を回収し続ける「物流機能」を担うもの。トレーニングで生み出された筋肥大に役立つホルモンを、筋肉の材料とともにすみやかに筋線維に届けます。血管を拡張するサプリメントが売れるのも、このはたらきがいかに重要かを示す事例の一つでしょう。

運動習慣のない人は、この毛細血管が閉じてしまいますが、運動習慣がつくと再開通するし数も増えていきます。血液という荷物がひんぱんに運ばれるようになると、新たな配送ルートをつくるわけです。このルートは繊細で、喫煙するとキュッと締まるしストレスにも弱い。肥満により血管内にコレステロールが付着しても狭まって、物流にダメージを与えます。

ルートができても、それぞれの筋線維に手渡す手段がなければ筋肉は大きくなりません。ここを一手に担うのが水です。**「筋肉イコールたんぱく質」とイメージする人は多いですが、筋肉の中で力を発揮するたんぱく質の割**

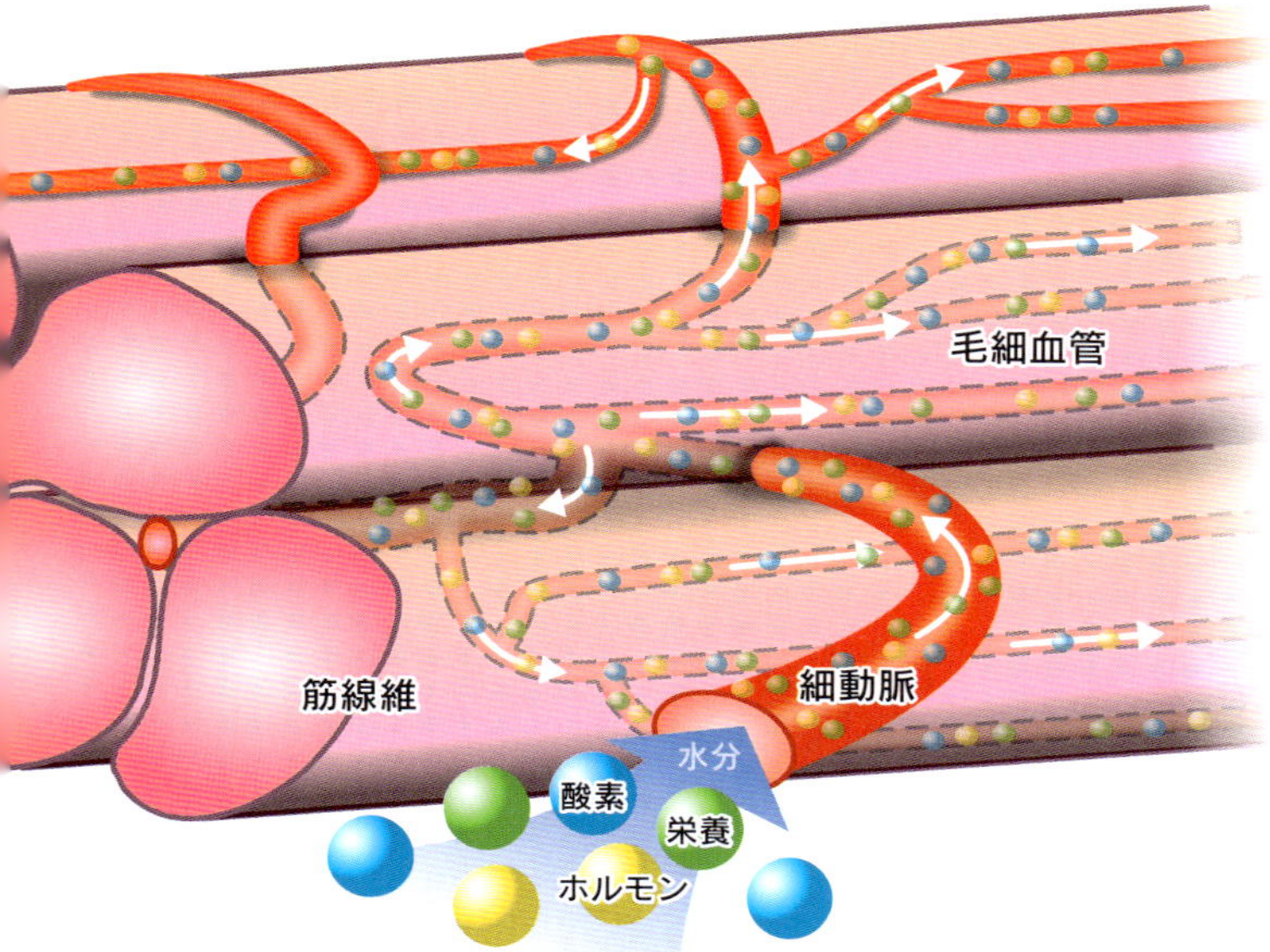

合はわずか10%。75%程度は水で、残りはミトコンドリアなどの酵素たんぱく質や脂肪などで構成されています。焼肉でも、焼けば焼くほど肉は小さくなりますが、あれはたっぷり含まれた水が蒸発するからなのです。

水分不足は悪いことしか起こしません。筋肉の材料が届かなくなるだけでなく、水分を介して体内で起きる、さまざまな化学反応が抑制され代謝が悪くなります。そうすると、力は出なくなるし筋線維の合成も進まない。さらに筋肉の質量自体も減ってしまいます。毎日6ℓの水を飲む選手もいますし、一般のトレーニーでもこまめに水を飲み、毎日2ℓは飲むという人が多いのはそのためです。

発達した毛細血管と、多量の水。これがそろって初めて筋肉を増やすための「体内インフラ」が整ったと言えます。

体内インフラは体脂肪除去にも役立つ

腹や二の腕など、動きの少ない部位ほど体脂肪が落ちにくいと申し上げましたが、じつは血行の悪い部位も脂肪が残ります。これは、その部分の代謝が悪くなっているからです。ということは、なかなか脂肪が落ちない部分を温めたり血行を促したりすることには意味があり「リンパマッサージで部分やせ」もありうるわけです。体を冷やしすぎたり締めつける服ばかり着たりして体内インフラを軽視することが「落ちない脂肪」に関係しているのかもしれません。

筋肉の材料はこう流れる

毛細血管が閉じると筋肉の材料は届かないため筋肉は育たない

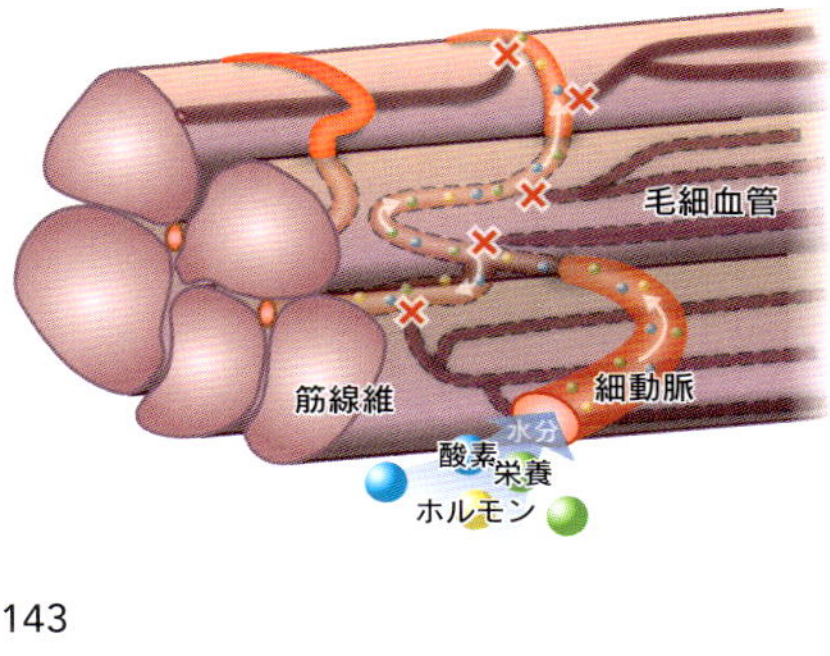

水分が不足すると筋肉の材料は届きにくくなり筋肉も小さくなる

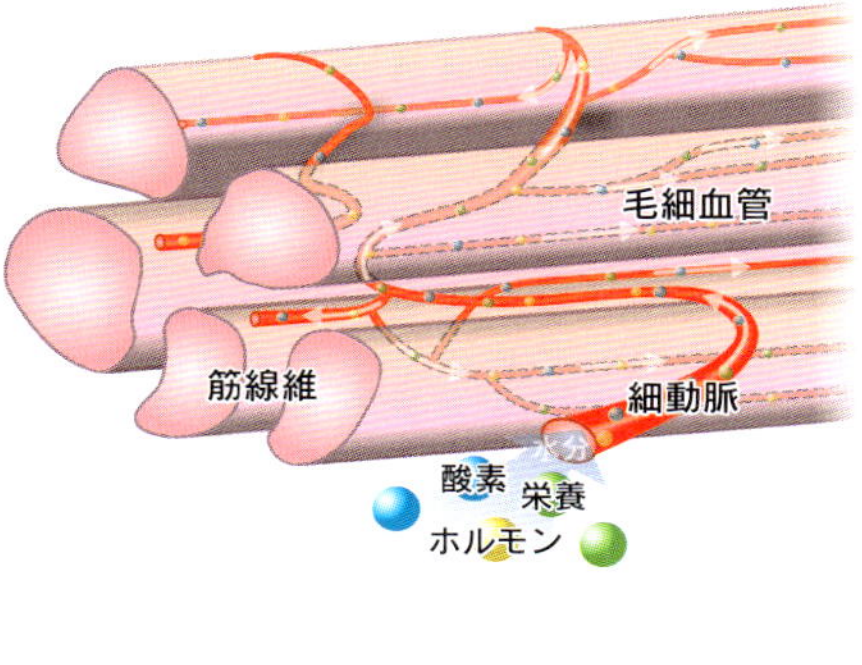

COLUMN

トレーニングの種目にはすべて意味がある

Ｐ20でも少し触れた、アスリート向きのトレーニングとボディメイク向きのトレーニングの例をご紹介しましょう。

ボディメイク向きの胸のトレーニングとしては、ベンチを使ったバーベルプレス、ダンベルプレス、ダンベルフライが王道です。どれもベンチにあお向けになるため肩甲骨が台に押しつけられますが、これは肩甲骨や鎖骨の動きを制限することでフォームを安定させ高重量を扱えるようにする工夫。胸の筋肉を効率よく大きくするための技術の一つです。上半身の出力を上げる胸の筋肉はアスリートも必要ですが、この3種目が最適というわけではありません。

柔道の試合を見ていると、相手の襟元をつかんで体を寄せる、あるいは引きはがすときには、腕だけでなく肩甲骨も使ってグッと体を押しつけるような動きが多いことがわかります。これは鎖骨や肩甲骨も同時に動かすことで動作を大きくしパワーを増大するため。もし彼らが肩甲骨を固定し腕の力だけで相手を引き寄せようとしたら、圧倒的にパワーが不足します。これだけで勝てない選手になるでしょう。

強くなるには、肩甲骨の動きに関わる筋肉も鍛え漏らさない種目が必要。とくに柔道や相撲、ラグビーなどのコンタクトスポーツでは、肩甲骨の動きは必須です。同じ胸のトレーニングでも、プッシュアップなど肩甲骨がよく動く状態で行う種目にすべきです。

トレーニングの種目は膨大で、同じ動作に見えるものも多々ありますが、一つひとつに意味がある。だから正確に動作することが大事なのです。

PART 4

最速で体脂肪を「削る」技術

「フルスピード」が体脂肪をみるみる削る

体脂肪を最速で削るなら、何も食べずに延々と走ればいい。でも、それでは筋肉も減るため不格好な体になります。効率的に体脂肪を削り、いい体をつくるならＨＩＩＴ（ハイ・インテンシティ・インターバル・トレーニング）がおすすめです。**走るだけだと体脂肪は落ちますが、下半身ばかり筋肉質になる。本書のＨＩＩＴなら、短い運動時間でも体脂肪を削りつつ全身に筋肉をつけられます。**同じＨＩＩＴの略称でも、持久的な運動機能をメインに向上させるＴＡＢＡＴＡプロトコルなどとは目的の異なるトレーニングです。

特徴は2つあります。1つは日常生活ではありえない速さ、姿勢、可動域を取り入れている点です。足を前に運ぶという慣れ親しんだ動作をくり返すランニングより確実に全身の筋肉を使います。そんな種目をフ

ルスピードで次々こなすから、短時間でしっかりエネルギー消費しつつ体を追い込める。だから筋肉を盛りつつ、脂肪を削れるのです。

もう1つは運動後に脂肪燃焼が高まる点で、キーワードはEPOC（運動後過剰酸素消費）。ごく簡単に言うと「何もしなくても有酸素運動をしている状態になる」です。心拍数が高止まりするような激しい運動をすると、体内に蓄えられていた糖が消費されます。それを補填するために脂肪が分解されるのですが、このとき平常時より酸素が多く消費されるから「運動後・過剰・酸素消費」なのです。これは、軽く息が上がる程度の運動では起こりません。

本書の**ＨＩＩＴ ＰＬＵＳは、運動そのものは5分で終了。にもかかわらず運動後、何もしなくても勝手に脂肪が燃え続ける**。忙しいなか時間をひねり出してボディメイクに挑戦する人には、うってつけです。フルスピードで正確に動作する技術を身につけ、体脂肪をガンガン削りましょう。

5分持たなくてもOK

こういったプログラムは「全部できることが大事」と思われがちですが、そんなことはありません。最も大事なのは力を出しきることです。ゆるくやって全部こなすとしたら、完全な時間の無駄。はじめのうちは数種目しか全力で動けなかったとしても、毎回、限界に挑戦することが成長を生みます。続けるうちに、まず動きが安定し動作がラクになって、できる回数が増える。こうした実感を糧に、目に見える体の変化を手にしましょう。

体脂肪を削る速度を、さらに上げる食事の基本

筋肉を「盛る」には、炭水化物（減）、脂質（減）、たんぱく質（増）という栄養摂取のリバランスが必要（P136参照）と申し上げましたが、脂肪を「削る」なら、さらに全体量も抑えるべきです。ただ、これを極端にやると力が出ずトレーニングの質や量が低下して、筋肉を失ったり空腹感からドカ食いしてリバウンドしたりするリスクが。そこでおすすめしたいのが、食事の全体量は減らさず摂取エネルギーだけ自然に抑える方法です。

まず**栄養摂取のリバランスをすると、同じ食事量でも脂質（9kcal）をたんぱく質（4kcal）に置き換えたぶん総摂取エネルギーを抑えられます。**ほぼ脂質と言っていい肉の脂身を残し、マヨネーズやオイル入りドレッシングを使わない。代わりに卵や脂の少ない肉、魚を食べましょう。さらに効果を高めるなら納豆や豆腐に置き換える、といった具合です。これだけでも毎日のように脂肪を削れます。

続けてみて支障がなければ、もう少しだけ炭水化物や脂質を減らし、代わりに野菜を食べる方法も。おすすめは糖質の少ないブロッコリーやアスパラガス、あるいはレタスやほうれん草などの葉物野菜です。野菜に替えたぶんだけ摂取エネルギーを抑えられます。

炭水化物「抜き」ではパワーが出ない

「炭水化物を減らす」と言われると、ご飯やパン、いも類などにいっさい口をつけない人がいますが、これはおすすめできません。まず炭水化物を摂らなくなると、便秘がちで代謝が悪くなります。炭水化物に含まれる食物繊維を摂らなくなったことで、便のかさが減るからです。また、糖質は筋肉を動かすエネルギー源なので、不足すると力が出なくなりトレーニングの質も落ちやすい。そして筋肉の合成も進めてくれるインスリンの分泌が不足します。炭水化物、脂質、たんぱく質が「三大栄養素」と呼ばれるのは、すべて体に必要だから。極端に制限すると体に負担がかかると思ってください。

体脂肪を削りたいからといって、脂質をゼロにするのはNGです。魚やナッツの脂質はホルモンなどの材料にもなる、体づくりの強い味方。食事からしか摂れないものですし、欠かすことはできません。

食べ方の工夫も効果的です。**1日3食で食べる量を5食に分割すれば血糖値の上昇を抑制できるため、体脂肪への合成を抑えられます。**たとえば昼食をボリューム少なめにし、減らしたエネルギーの範囲内でおやつ代わりに鶏ささみのくんせいやゆで卵を食べれば、筋肉の分解を防ぐたんぱく質補給にも。このようなちょっとした知識を無理なく一つずつ実践することが、効率的に体脂肪を削る近道なのです。

1

肉の脂身を残し、
マヨネーズや
オイル入りドレッシングを
使わない
（オメガ3系のオイルならOK）

2

代わりに卵や
脂の少ない肉、魚、
豆腐、納豆、
枝豆を食べる

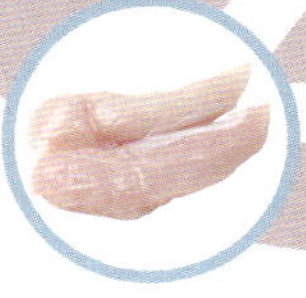

3

炭水化物や
脂質を減らし、
代わりに野菜を
食べる

「削る」食事*tips*

筋肉はできるだけ落とさず、脂肪をガンガン分解・燃焼したい。でも何から始めたらいいかわからない。そんな悩みに応える食事のコツを紹介。一つひとつ習慣化できるごとに、体形の変わる速度が上がります。

1 エネルギー不足の状態でHIITを行う

血液中にエネルギーが不足した状態で運動すると、運動後に体脂肪を分解して補填が進む。4〜5分でフィニッシュできるHIITなら、たとえ空腹でも集中力が途切れずに実践可能。筋肉の分解が気になるならBCAAのみ補給しよう。

2 我慢できなければ30分前までに糖質を補充

食事で摂った糖質は、すぐに使わないと脂肪として蓄積される。空腹に耐えられないときはHIITの30〜60分前に、そば1人前かおにぎり1個を食べよう。食べたものが分解され、血液に糖が流入したタイミングで運動して消費できるため脂肪への蓄積を抑えられる。

3 極端な糖質制限は筋肉を削ると知る

低炭水化物の食事は体重を落としたいときには有効。とくにスタート直後に体重がグッと落ちるが、減るのは筋肉に蓄えられた糖（グリコーゲン）や水分がメインで、蓄積された体脂肪はあまり減らない。むしろ極端な炭水化物抜きはトレーニングの質や量を低下させる。結果、筋肉をやせ細らせリバウンドを誘発するため注意が必要。

9 糖質の多い酒と揚げ物を避ける

酒の選び方でも糖質は減らせる。糖質の多いビール、日本酒、ワインはNG。ジンやウイスキーが無難。つまみは、揚げ物や味の濃い料理は避けて高たんぱくのものを選ぼう。飲んだ後のラーメン？ あり得ません！

10 間食は果物か和菓子がベター

除脂肪中の間食はゆで卵やサラダチキン、するめなどのたんぱく源にしたい。どうしても甘いものを食べたいなら、果物か和菓子にしよう。高脂肪のクリームやトランス脂肪酸（ショートニング、マーガリン）を使った洋菓子は言語道断。

いくつ
知ってる?

脂肪を

4 摂取エネルギー制限は劇的に効く。最後の手段としてとっておこう

じつは白米や食パンなど高GI値の炭水化物を玄米やオールブランといった低GI値のものに切り替えたり、肉の脂を減らしオメガ3系のオイルを摂ったりするだけでもかなり脂肪は落ちる。運動せず高たんぱくの食事に切り替えただけで体脂肪が減ったという実験もある。食べるものを切り替えるだけでも脂肪は落ちるのだ。さらに摂取エネルギーを減らすと、筋肉量の多い人ほど体重は簡単に落ちるが筋肉まで失いかねない。1か月に5%以上増減しないよう気をつけよう。

※GI値とは……その食品を食べたときに体内で血糖値が上昇するスピード。GI値の高い食品ほど血糖値が上がりやすく、インスリンの過分泌を招く

5 脂質はしっかり抑えバランスだけ気をつける

脂質を完全にカットすると筋肉や見た目も衰えるが、自炊で極限まで排除しないかぎり完全カットは難しい。かなり抑えても摂取の目安である総摂取エネルギーの10〜20%にはなるはず。魚やナッツの脂質は体内で合成できず不足しがちなので、そこだけは気をつけよう。

6 炭水化物を削るターゲットは夕食＞昼食＞朝食

空腹やストレスを感じることなく効果的に炭水化物をしっかり減らすなら、夕食や昼食をおかずと汁物だけにする手も。朝食にパンや米を摂り、野菜にも含まれている炭水化物で夜までの活動に必要な糖質をまかなおう。不足しすぎて集中力が切れるなどしたら、7を参考に低GI値のものを利用すべし。いろいろ試して自分に合ったスタイルを見つけよう。

7 食べる順番でインスリンの分泌をセーブ

脂肪の合成を高め分解を抑制するインスリンの過分泌は、食べる順番を変えるだけでも抑えられる。簡単に言うと、野菜→肉や魚→ご飯（パン、パスタ）などGI値の低い食品から食べると血糖値が上がりにくくなる。GI値の低い炭水化物を選ぶのも手。一般的に、精製された食品ほどGI値は高くなるので、見た目が白いものより黒いものを選ぼう。

高 白米＞低 玄米　高 うどん＞低 そば
高 白いパン＞低 ライ麦パン、全粒粉パン

8 朝食はパンよりもゆで卵を

多忙な毎日でおろそかになりがちなのが、朝食。最悪なのはバターを塗ったトーストに砂糖入りのコーヒーの組み合わせ。これは脂質と糖質しか摂れないメニューだ。パンをゆで卵にするなど、たんぱく質を摂ることが筋肉の分解を防ぎ、血糖値の急上昇を防ぐ。

ここではHIITが体脂肪燃焼にどれだけ貢献するかを知っていただくために、前著『HIIT 体脂肪が落ちる最強トレーニング』の基本プログラム体験者の実例をご紹介します。挑戦したのは日々の運動習慣がない、中肉中背で平均的な体形の男性デスクワーカーです。

結果は、2週間で体脂肪率が5%以上落ちました。パッと見ただけで姿勢がかなり改善され、全体に体が引き締まっていることがわかります。

期間中に行ったのは、4分でできる「HIITベーシック」というプログラムを1日1～2セットで合計10セットほど。毎日きちんとこなして習慣化できていたら、もう少しいい結果が出たはずです。

食事に関しては、朝食を摂って、たんぱく質を摂る、ご飯を大盛りにする回数を少し減らす、を指導。トータルの摂取エネルギーは変わっていないため、HIITの成果があったと考えていいでしょう。本書のHIITは5分なので、フルスピードで動き続けられれば、さらに高い効果が期待できます。

チャレンジ

before

体重 63.3kg

BMI 21.1

体脂肪率 15.3%

data

(タニタ体組成計「インナースキャン」を使用)

40代 男性

会社員(デスクワーカー)

身長 173cm

after

体重 62.45kg

BMI 20.9

体脂肪率 9.6%

心が強くなる

体重の変動は、人それぞれです。体形にかかわらず、もともと代謝のいい人は体重も体脂肪も落ちやすいし、悪い人は落ちにくい。もし体重が落ちにくいからといって諦めたら、何も変わりません。いまの体は、これまでの生活によって完成したもの。過去を嘆くエネルギーがあったら、輝かしい未来をイメージしてトレーニングに励みましょう。ゆっくり体をつくり上げるには忍耐力が必要ですが、「時間がかかったぶんリバウンドを起こさない強い心が手に入る」とポジティブにとらえるのが成功の秘訣です。

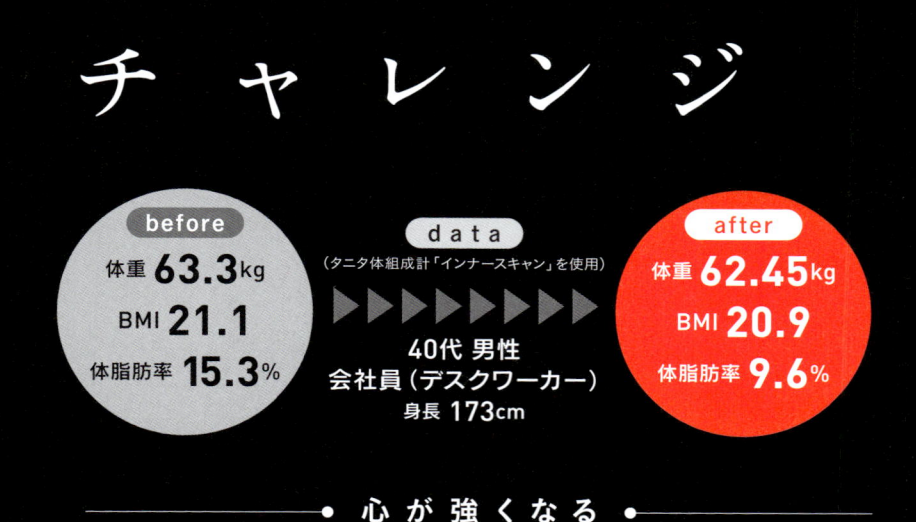

before

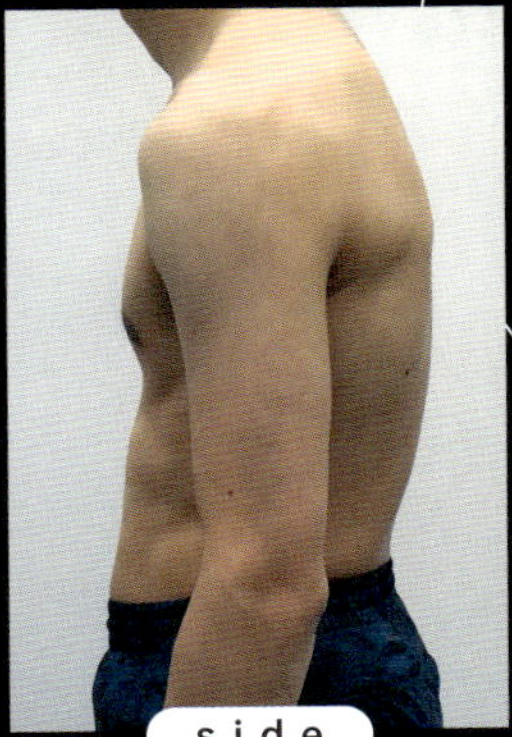
side

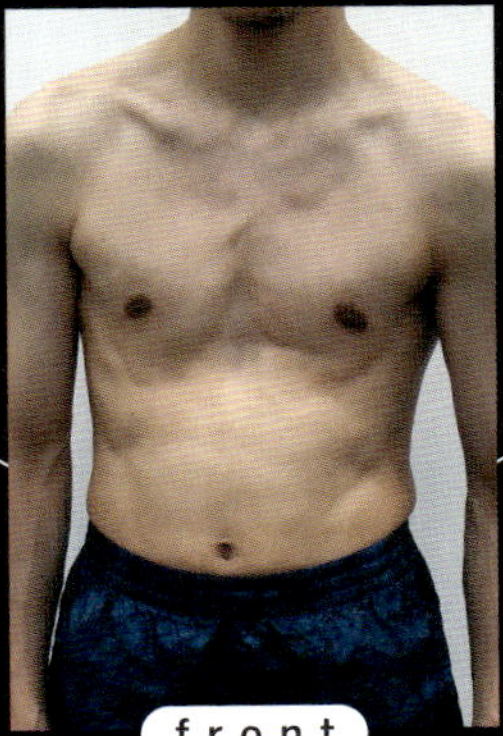
front

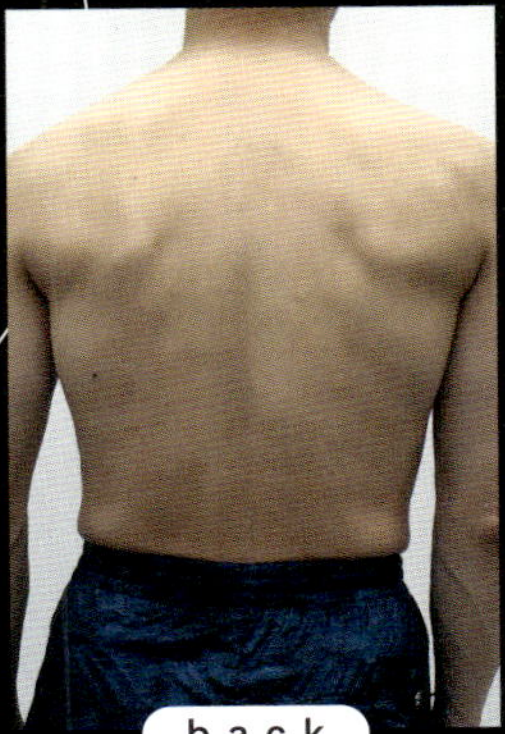
back

HIIT 2週間

side

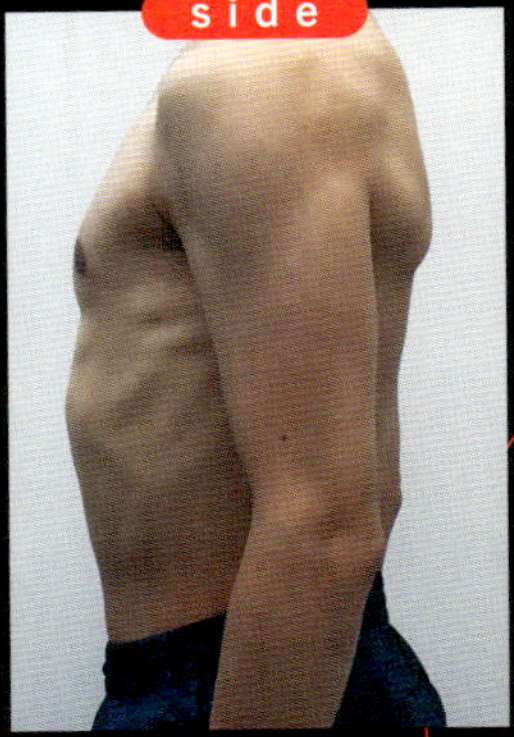

front

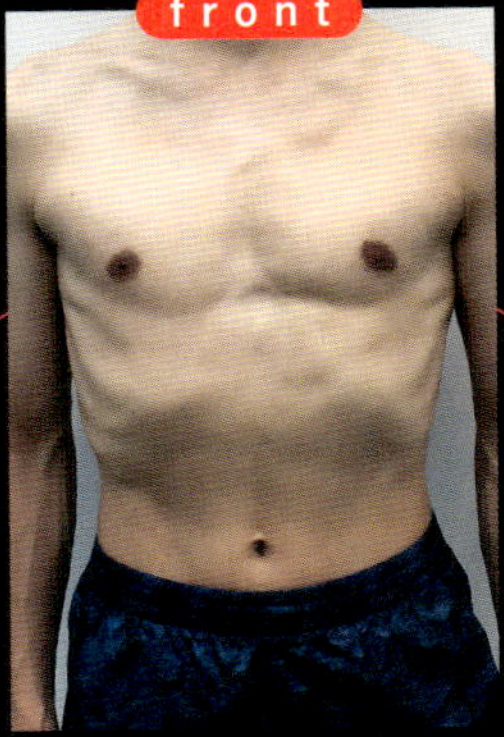

back

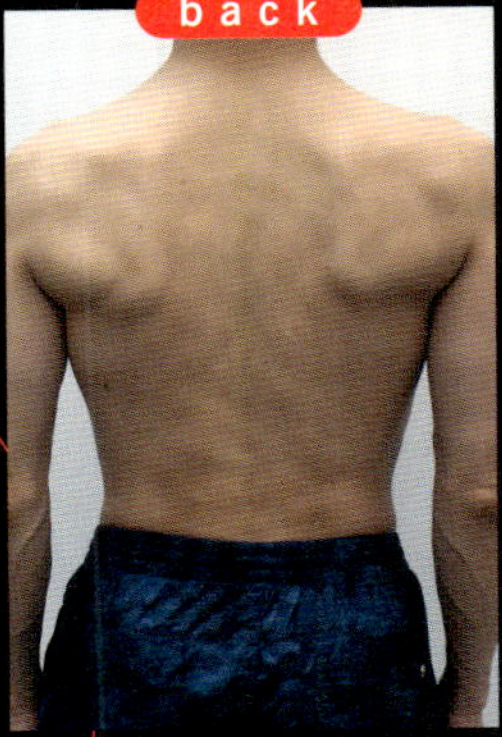

after

部屋でできる！
腹やせ HIIT PLUS

HIITというと、ダッシュしたり固定式自転車を漕いだりするものか、飛んだり跳ねたりする種目がメジャーだが、どちらも自室で行うのは難しい。ここでは、ふとん１枚分のスペースがあればできる、おもに体幹を大きく動かす種目を紹介。脂肪が乗る隙などないことを、腹に思い知らせよう。どこかの部位の筋肉が限界に達すると継続できなくなるため、そうならないようにメインで使う筋肉を分散させた。限界の手前で追い込み続けて、体脂肪を焼き払うのだ。

20秒間全力で動き続ける！

動作は最速・最大をめざす

10秒以内に次の種目の準備

限界を感じてから回数を数える

①～⑤を順に2回くり返す

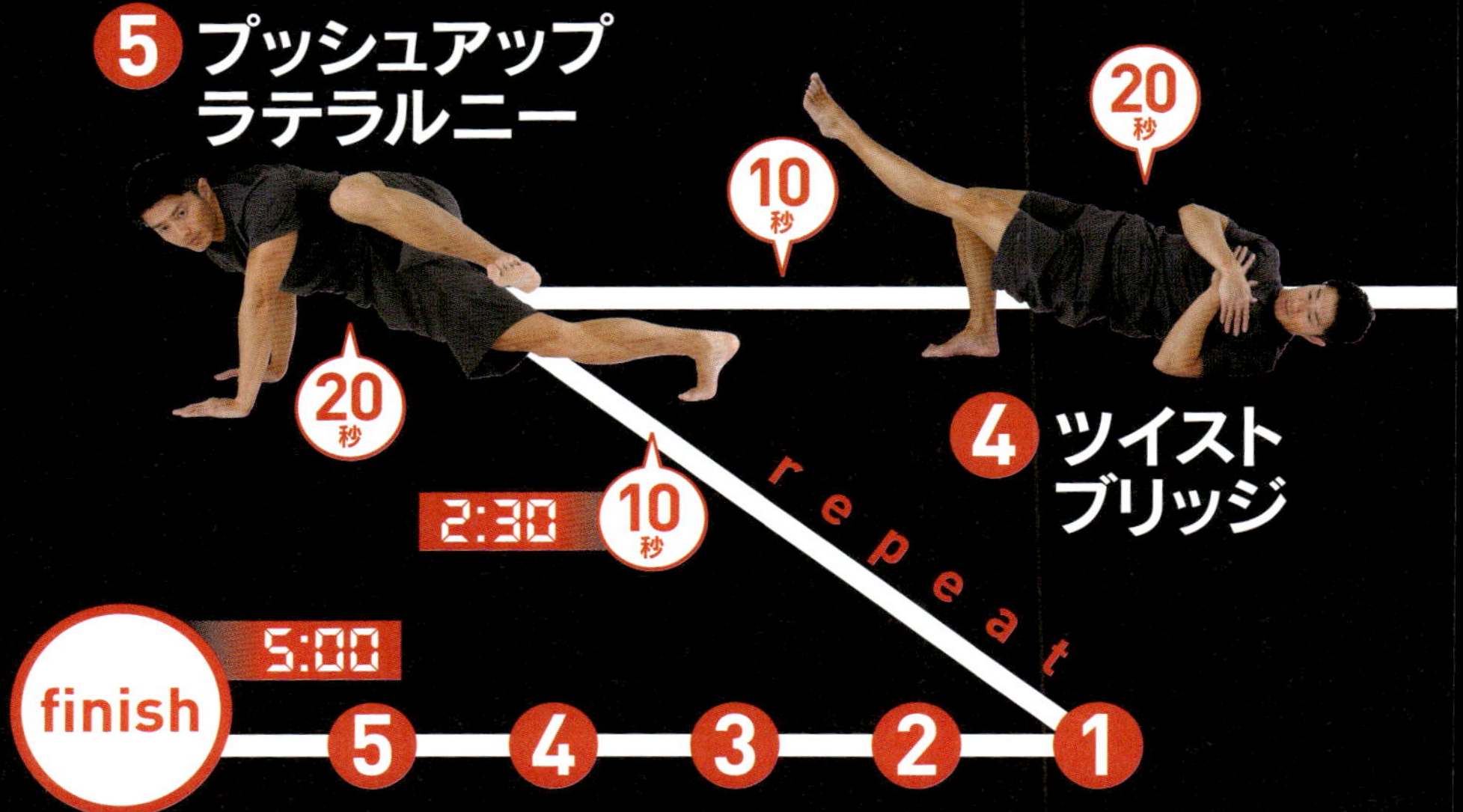

まずは一気に心拍数を上げ、脂肪燃焼モードのスイッチを入れよう。わき腹の下にある腹斜筋下部がメインターゲット。股関節の屈曲筋群も刺激する。1回1回、ギュッ、ギュッ、とウエストをよくひねるのがコツ。

プッシュアップツイスト

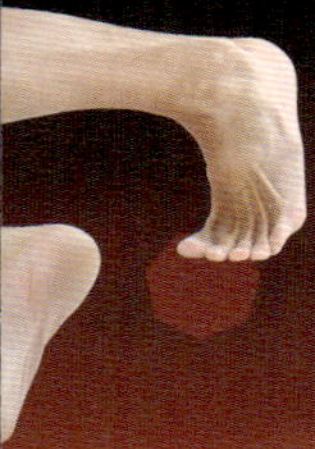

1 両手両足をつく

手を肩幅に開いて床につき「腕立て伏せ」の姿勢になる

20秒間全力で動き続ける!

2

腰をひねり 一方の足を逆サイドへ

一方の足を、もう一方の脚の下をとおして体の逆側に踏み出す。このとき、お腹をできるだけ大きくひねる

point

脚の動きが大きく速くなるほど心拍が上がる。お腹や腰のひねりをしっかりきかせよう！

3

左右交互に腰のひねりをくり返す

続けて**2**と逆側の足を、もう一方の脚の下をとおして体の逆側に大きく出す。**2**、**3**をすばやくリズミカルにくり返す

次の種目へ

しゃがむ・立つ、というタテに大きい動きで心拍数を爆上げ。大腿四頭筋と大殿筋、ハムストリングスなど下半身すべて、そして脊柱起立筋を使う。部位別では鍛えきれなかった脚全体を刺激する、運動量の多いトレーニングだ。

クイックスラスター

しゃがんだとき、ひざが閉じないように注意！

1 足を腰幅に開く

足を腰幅に開いて立つ。このとき、つま先をやや外側（正面から30度程度）に向ける

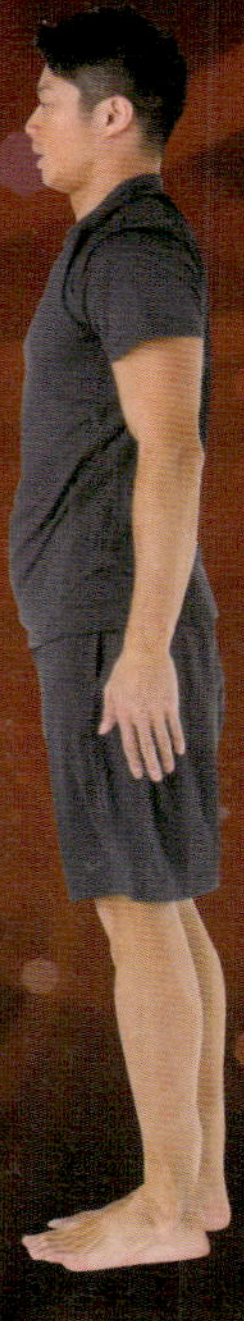

2 すばやく腰を下ろす

一気に腰を落としてしゃがむ。ひざとつま先は同じ方向に。同時にひじを曲げ、軽くこぶしを握って顔の横に下ろす

20秒間全力で動き続ける!

立ち上がって腕を伸ばす 3

一気にひざを伸ばし立ち上がる。同時に腕も真上に伸ばし、指もしっかり伸ばす

再びすばやく腰を落とす 4

2と同様に一気に腰を落としてしゃがむ。3、4をリズミカルにくり返す

次の種目へ

今度は腹直筋、腸腰筋をメインに腹斜筋も使っていく。腕立て伏せの姿勢をキープするのは、腕や胸など上半身もつねに稼働させるため。体の前面の筋肉をフル稼働させ、腹まわりを中心に全身の脂肪を削っていく。

プッシュアップツイストニー

1 両手両足をつく

手を肩幅に開いて床につき「腕立て伏せ」の姿勢になる

2 ひざを斜め前に突き出す

体の逆側に向かって、ひざを鋭く突き出す

4 もう一方のひざを突き出す

続いて、もう一方のひざも体の逆側に向かって鋭く突き出す。**1**〜**4**をリズミカルにくり返す

3 足を引いて戻す

突き出したひざを戻し、**1**の姿勢に戻す

20秒間全力で動き続ける！

次の種目へ

ここまで全力で体を動かせていたら「そろそろ限界！」と感じるころだろう。そこから、もうひと踏ん張り。脊柱起立筋と大殿筋、ハムストリングスといった背面の筋肉を稼働させて、全身の筋肉を使いきろう。

ツイストブリッジ

1 ひざを立ててあお向けになる

あお向けになり両足をそろえてひざを立てる。足幅はこぶし1個分程度に広げ、手は胸の前でクロスさせる

2 体をひねりつつ脚を伸ばす

肩を支点に体を傾けて腰を浮かせつつ、傾けた側の脚をすばやく伸ばす

脚は伸ばさず、腰を浮かせて体の向きだけ左右に傾ける。骨盤からしっかりと体をひねろう

3 体を逆にひねりつつ脚を伸ばす

2とは逆に体を傾けて腰を浮かせつつ、傾けた側の脚をすばやく伸ばす。**2**、**3**をリズミカルにくり返す

20秒間全力で動き続ける！

次の種目へ

プッシュアップラテラルニー

20秒間全力で動き続ける！

プッシュアップの姿勢を維持することで体の前面すべてを刺激し、ひざ蹴りで引き起こされる体幹側屈によってわき腹（腹斜筋）を攻めていく。❶〜❺の１セットを終えたら間髪を入れず次のセットに入ることでしっかり追い込もう。

1 両手両足をつく

手を肩幅に開いて床につき「腕立て伏せ」の姿勢になる

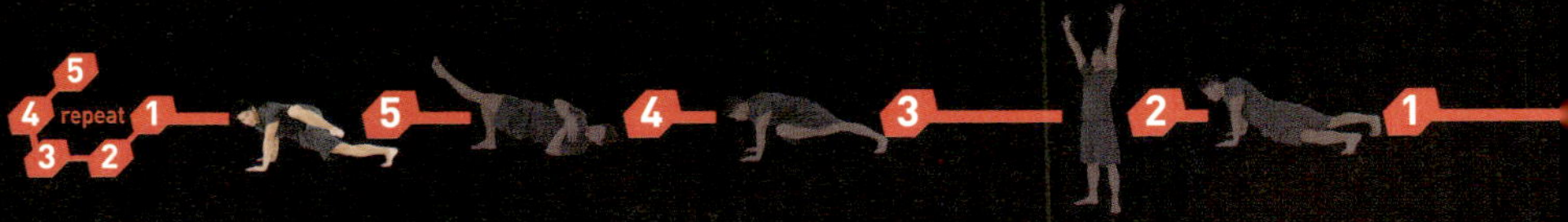

2 一方の脚で横からひざ蹴り

体の外側に向かって鋭くひざ蹴り。このとき、腰を力強く入れて行おう

3 足を引いて戻す

脚を後ろに戻し、**1**の姿勢に戻す

4 もう一方も横からひざ蹴り

続いて、もう一方の脚も、体の外側に向かって鋭くひざ蹴り。**1**〜**4**をリズミカルにくり返す

競技力アップ！

下半身やせ HIIT PLUS

部屋で思いきり動くのは難しいものの、心拍数を上げ足腰を鍛える効果は抜群の種目を集めたのが、このプログラム。近所の公園や体育館など、体を動かせる場所で徹底的に追い込もう。足腰をすばやく動かす種目ばかりなので、さまざまな競技に役立つ。もちろん限界に追い込まれる部位が生じにくいよう、メインで使う筋肉をばらけさせてある。すべてを全速力で行えば立ち上がるのも困難になりかねないが、そのぶん体の中では脂肪の分解・燃焼がガンガン進む。

3 クイックツイスト

2 ハーキー

1 バーピー

20秒間全力で動き続ける！

動作は最速・最大をめざす

10秒以内に次の種目の準備

限界を感じてから回数を数える

①〜⑤を順に2回くり返す

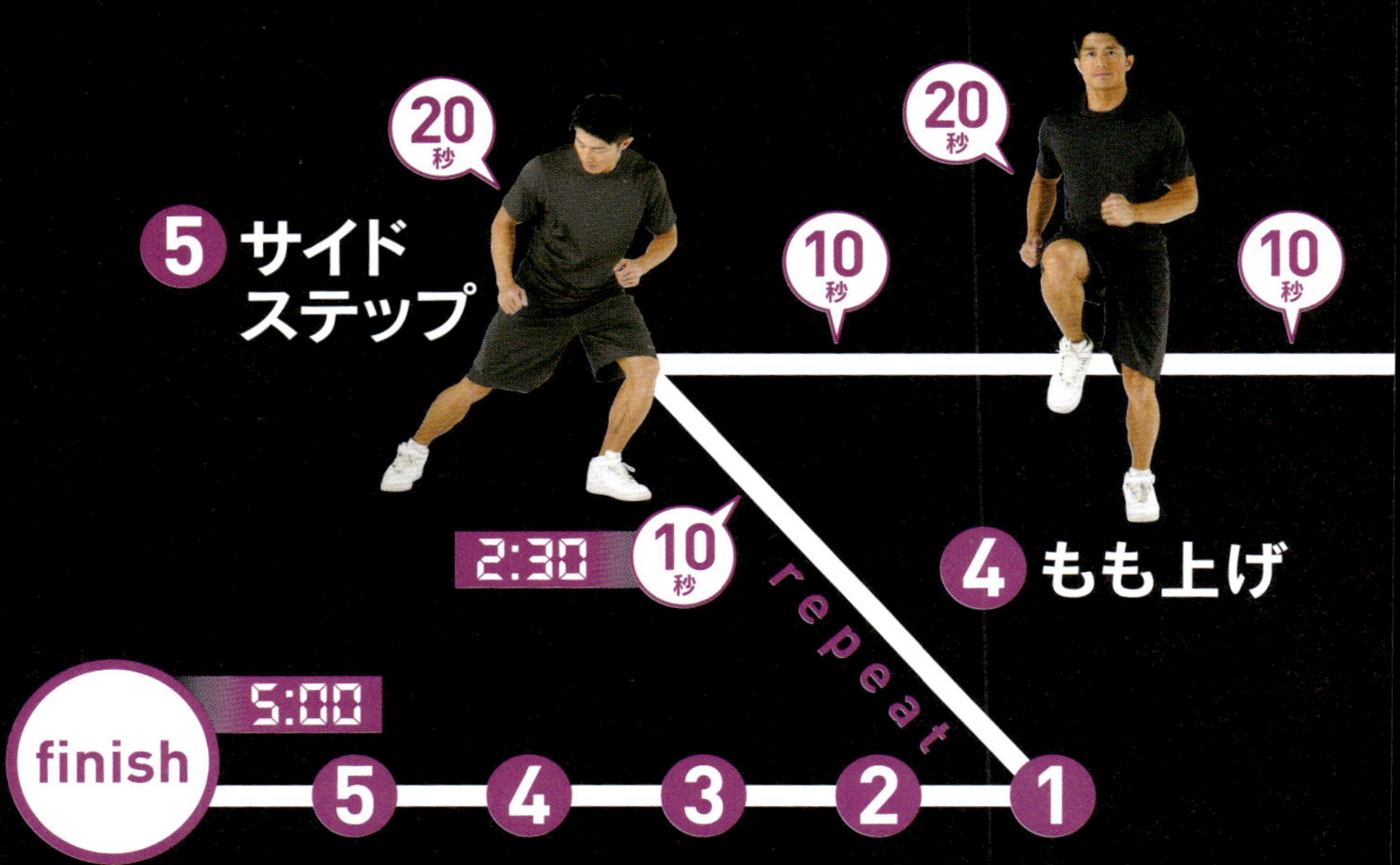

立って、かがんで、脚を伸ばす。シンプルだが全身の筋肉を使い、心拍数を一気に上げて体を追い込む種目だ。大きく、そしてすばやく動作することが成果を最大化する。腕立て伏せの姿勢時に腹の力が抜けて腰を落とさないこと、そして決してスピードを落とさないこと。

バーピー

1

足をこぶし1個分程度開いて立つ

2

手を床につく

ひざを軽く曲げ、手を体の前に下ろして床につく

20秒間全力で動き続ける!

3 両脚を一気に後ろへ伸ばす

両脚を後ろに伸ばし、足の指で着地。このとき足は肩幅程度に開く

1種目でHIIT!

全力で20秒
＋10秒レスト

HIITは毎日やってほしいが、疲れた日はやりやすい種目だけで心拍数を上げ脂肪を燃やすのも手。バーピーや踏み台昇降、または階段の上り下りを全速力で20秒行い10秒休憩を4セット。これを1分間の休憩をはさんで2〜3セット行うプランがおすすめだ。

5 1の姿勢に戻す

ひざを伸ばし**1**の姿勢に戻す。**2〜5**をすばやくリズミカルにくり返す

4 手をついたまま足を引きつける

次 の 種 目 へ

ハーキーでは細かくスピーディに、その場で足踏みをすることで下腿三頭筋と腸腰筋を使う。体幹部、とくに腹斜筋がターゲットのクイックツイストでは、わき腹がねじ切れる勢いで腰をひねる。この2種目は限界まで激しく、スピーディに行おう。

ハーキー

その場で高速足踏み

手は軽くこぶしを握り、ひじを曲げて体の少し前にセット。上体をやや前傾させて、その場で細かく、できるだけスピーディに足踏みをくり返す

20秒間全力で動き続ける!

クイックツイスト

限界まで腹をねじる

手は軽くこぶしを握り、ひじを曲げて体の少し前にセット。その場でできるだけスピーディに腰を左右にひねりながら小さくジャンプをくり返す。つま先が右斜め外側、左斜め外側に向くよう、確実にお腹をひねろう

20秒間全力で動き続ける！

次 の 種 目 へ

もも上げは、ひざをすばやくしっかり高く上げることに集中しよう。最後のスパイスがサイドステップ。大腿四頭筋、大殿筋、中殿筋、下腿三頭筋と下半身のパワーをすべてブチ込み、休まずにまた❶〜❺を全力でこなすべし。脂肪という脂肪を燃やし尽くせ！

もも上げ

ひざを高く上げ、可動域を広く取ることでハーキーとは違った筋肉に効く

Side

スピーディに その場でもも上げ

手は軽くこぶしを握り、ひじを曲げて体の少し前にセット。その場で交互に、できるだけ高くひざを上げよう

20秒間全力で動き続ける！

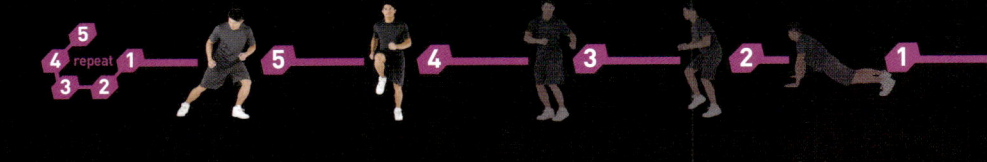

サイドステップ

20秒間全力で動き続ける！

2ステップで横移動

両足を肩幅に開いて立つ。軽くひざを曲げた姿勢から左右交互に2ステップずつ進むことをくり返す。できるだけスピーディに行う

岡田 隆（おかだ・たかし）

1980年、愛知県生まれ。日本体育大学体育学部准教授。柔道全日本男子チーム体力強化部門長。理学療法士。日本体育大学大学院体育科学研究科修士課程修了。東京大学大学院総合文化研究科博士後期課程単位取得満期退学。
2016年のリオ五輪では7階級のメダル制覇に貢献。現在は大学で教鞭をとりつつ、「バズーカ岡田」の異名のもと骨格筋評論家としてトレーニング科学、ボディメイク、健康やダイエットについてテレビや雑誌、講演会で解説。現役ボディビルダーでもあり、2016年には日本社会人ボディビル選手権大会で優勝。『HIIT 体脂肪が落ちる最強トレーニング』（サンマーク出版）、『2週間で腹を割る! 4分鬼筋トレ』（アチーブメント出版）など著書多数。

オフィシャルブログ「筋肉道」
https://ameblo.jp/takashi-okada/

つけたいところに 最速で筋肉をつける技術

2017年12月25日　初版発行
2018年 4 月20日　第8刷発行

著　　者　岡田　隆
発 行 人　植木宣隆
発 行 所　株式会社サンマーク出版
東京都新宿区
高田馬場2-16-11
電話 03-5272-3166
印刷・製本　共同印刷株式会社

定価はカバー、帯に印刷してあります。
落丁・乱丁本はお取り替えいたします。

ISBN978-4-7631-3622-0　C2075

ホームページ　http://www.sunmark.co.jp

QRコードでの動画視聴サービスは2019年末までご利用いただける予定ですが、予告なく終了する場合があります。